# 领导干部

## 礼仪读本

### 党政机关及国企员工礼仪实用工具书

陶红亮◎主编

云南出版集团
云南人民出版社

**图书在版编目（CIP）数据**

领导干部礼仪读本 / 陶红亮主编. -- 昆明 : 云南人民出版社, 2019.1
ISBN 978-7-222-17549-5

Ⅰ. ①领… Ⅱ. ①陶… Ⅲ. ①领导人员—礼仪—基本知识 Ⅳ. ①C933②K891

中国版本图书馆CIP数据核字(2018)第230095号

**项目策划：杨　森**
**责任编辑：朱　颖**
**装帧设计：朝圣设计**
**责任校对：范晓芬**
**责任印制：代隆参**

**领导干部礼仪读本**
陶红亮　主编

出版　云南出版集团　云南人民出版社
发行　云南人民出版社
社址　昆明市环城西路609号
邮编　650034
网址　www.ynpph.com.cn
E-mail　ynrms@sina.com
开本　710mm × 1000mm　1/16
印张　15.5
字数　200千
版次　2019年1月第1版第1次印刷
印刷　北京飞达印刷有限责任公司
书号　ISBN 978-7-222-17549-5
定价　49.80元

如需购买图书、反馈意见，请与我社联系
总编室：0871-64109126　发行部：0871-64108507　审校部：0871-64164626　印制部：0871-64191534



云南人民出版社微信公众号

# 前 言

PREFACE

所谓礼仪，就是在人际交往中，以某些约定俗成的程序方式来表现自己的过程。直白地说，就是在与人交往时如何管理自己的言行举止。礼仪是衡量社会文明程度的标志之一。对个人而言，知礼，是一个人具有良好素质与修养的体现；对国家而言，礼仪建设是一个国家和民族全面进步的重要内容。

在人际交往中，礼仪的基础作用是塑造形象。礼仪是一张无形的名片，代表了素质。素质带来信赖。人们总是愿意相信一个高素质的人具有更强的待人接物的能力。遵守演讲礼仪，讲话能语惊四座；遵守接待礼仪，宾客会如沐春风；遵守着装礼仪，你在领导和同事的眼中会变得气质高雅、仪态万方。总之，一个懂礼守礼的人，举手投足都能让对方感到舒服。

此外，礼仪还是促进沟通的法宝。礼仪是约定俗成的交往方式。在人际交往中，你可以根据礼仪规范，方便有效地向对方传达你的态度、想法和要求。这样能节省很多沟通时间。相反，如果你不懂相关礼仪，必然手足无措、战战兢兢，害怕出差错、闹笑话，甚至得罪别人。所以说，学习礼仪，具有重要的现实意义。

礼仪，在公务人员的工作中扮演了重要角色。领导干部在政府机关部门工作，代表着各级政府乃至国家的形象。礼仪，是一门很实用的艺术。

领导干部平时要做的工作很多。如公文写作，看似简单，其实并不容易。每种公文都有文体、内容上的严格要求，既要符合格式，还要准确表达，要向下属传达要求，为上级出谋划策，这既需要一定的工作能力，又需要把握写作中的各项礼仪规范。再如，组织会议、接待领导、举办宴会、发表致辞、应对媒体，样样都是功夫，样样都有礼仪要求。

因此可以说，领导干部的工作离不开礼仪。公务人员的职责是服务人民群众。一名合格的公务员应树立公仆意识，把为人民服务作为工作中的第一要务。

近年来，随着中国社会的不断发展，人民对政府事务的监督权得以进一步发挥。尤其是随着网络发展及“网络政治”的兴起，人民群众可通过多样化的平台和渠道对政府的工作进行监督、批评。这在客观上要求领导干部强化自己的服务意识，更加谦逊、认真地为人民群众服务。掌握礼仪规范，能够提高服务水平，用微笑和礼节使人民群众满意。

礼仪通常是约定俗成的，而领导干部的礼仪规范具有强制性和代表性。这是由领导干部的工作性质决定的。领导干部是国家的门面，在任何场合的任何言行，都在一定程度上代表政府的立场。若是在涉外交往中，还代表着一国形象。领导干部的礼仪不到位，不只是被笑话、被瞧不起，甚至可能会违反规章制度，受到批评和处罚。

为了让领导干部能更好地学习礼仪规范，我们特意编写了这本领导干部礼仪培训的“百科全书”。讲礼仪培训的书很多，网络上也有大量文章，而本书的特点首先占了一个“全”字。本书涵盖会议礼仪、致辞礼仪、公文礼仪、外事礼仪、交往礼仪、在办公室里的礼仪，以及面对媒体的礼仪等，基本上囊括了领导干部工作的各个方面。不论你是勤勤恳恳的普通职员，还是负责一个部门的高层领导，也不论你的岗位、级别如何，我们相信你都能在这本书中学到有用的知识。

本书通篇贯穿一个原则：实用性。礼仪培训其实是一个很实际的问题。为了使这本书具有更强的操作性，书中不涉及抽象的理论，而是针对实际工作中可能遇到的情景，如发表演讲、撰写条据、接听电话、登门拜访等，进行具体、详细的阐述，提出具体可行的应对措施，解决广大公务员的困惑。全书分上下两篇，共十四章。上篇讲各种公务活动中的礼仪，下篇针对日常生活，介绍领导干部的个人礼仪。每一章分节、分点叙述，结构清晰，角度全面，使读者在阅读时能更方便地获取自己需要的信息。

本书的语言表达通俗易懂，文字流畅朴实，可读性较强。不是一本正经地说教，而是像聊天一样，避免使人感到枯燥乏味。总之，一切都向“实用”二字看齐，希望能为读者提供最大的帮助。我们相信，你一定能通过这本书提高自身，在未来的工作中如鲲鹏展翅，扶摇直上。

# 目　录

CONTENTS

## 上篇　领导干部的公务礼仪

## 下篇　领导干部的个人礼仪

# 上篇

# 领导干部的公务礼仪

# 第一章　领导干部的会议礼仪

## 第一节　组织会议须知

会议是人们为解决问题，相聚在一起共同讨论的活动。召开会议是一项基本的公务活动，是领导干部组织交流工作的主要手段，是公务活动中最常见的形式之一。会议需遵循一定的程序，才能保证会议有效进行。

对于领导干部来说，组织会议是经常性的任务。一场会议的成功召开，离不开领导干部的有效组织。领导干部能否成功组织会议，在很大程度上影响机关单位的工作效率，甚至影响着整个机关单位的工作风气，以及人民群众对本机关单位的看法。

### 一、充分准备会议进程

会议礼仪的基本内容之一是会议的组织工作。身为组织者，要负责处理的问题包括会议规则的制定、会议的筹备工作、会议进程的组织和会议的收尾工作。

1. 会议规则的制定

没有规矩，不成方圆，组织会议也是如此。一场成功的会议，需要规则的引导。有些类型的会议，其规则由专门的法规和制度所规定，不可随意更改。有些会议没有明文规定的规则，需要提前制定，确保在会议召开的过程中，按部就班，有章可循，保证会议顺利有效地进行。

2. 会议的筹备工作

会议的筹备工作包括许多内容，首先要确定会议的主题，它是整场会议的精髓，即要讨论什么问题，通过什么样的决定。其次是围绕主题拟定会议的议程，确定出席人员。凡出席会议者要提早进行通知。特别是重要会议，可发预备通知，便于参会者做好准备，准时到达。

此外，根据会议的规模选择合适的地点。会场的档次、大小要和会议的规格相匹配，会场的布置要突出会议的内容。一般来说，要在主席台上方张挂有该会议名称字样的横幅，根据会议的档次决定是否在会场中张贴宣传标语，以及是否在主席台上摆放相关人员的席签。如果是规格很高的大型会议，如全国人民代表大会等，还应制作参加会议代表团的标牌、指示路线的路标，并在室外张贴对来宾表示欢迎的标语。

会场的灯光、音响等设备要事先调配好。待客用的茶点、饮料等物品也要提前采办。一些大型会议中，还要组织好相关的安保、接待人员，以及媒体记者，等等。

3. 会议进程的组织

会议进程的安排是决定会议开展效率的首要因素。会议是一种注重程序性的活动，提前确定进程，是保证会议顺利进展的有效方法。组织者需对每一个环节和步骤进行科学合理的安排，对会议的各种细节进行充分的预案，以及适当调度。会议主持人要提前熟知会议进程，会议的开展过程中，由主持人负责把握进程，保证会议顺利进行。会议进程包括会议的日程安排和程序安排，确保与会者能够有条不紊完成各项议题。

4. 会议的收尾工作

会议想要成功举办，不仅要做好会议准备、顺利推进会议过程，还要确保顺利收尾工作。收尾工作包括几项关键内容：形成会议结论，或通过某项具体可执行的文件；进行会议总结；对会议文件材料进行处理；为与会者安排好离会工作。

## 二、注意形成良好会风

会风，是会议的开展作风、工作态度、精神面貌、思想意识的综合体现。从根本上讲，会风是政风的具体反映，是公务人员工作作风在会议举行过程中的具体表现。

1. 端正会风要则

要端正会风，需要坚持以下三大原则。

（1）破除官场不良习气。不搞形式主义与官僚主义的会议，不能把会议举办的次数作为政绩。

（2）严格管理会议。对于会议的准备、议程、时间、地点、膳宿等，都应依据中央八项规定进行严格规范，做到专人负责把关。

（3）严肃处理违规者。对滥办会议、形成不良会风的人员，进行批评、教育，必要时可依照有关法规给予严肃处理。

2. 改进会风的措施

国家行政机关要改进会风，则要采取具体、有效措施来提高会议效率。

（1）集中主题。在一般情况下，一场会议的主题是单一且明确的，会议的内容围绕主题展开。若是把几项内容合并到一次会议中讨论，则要坚持主题突出，这样不易使会议松散，有利于提高会议效率。

（2）压缩内容。会议上，应尽量避免一切与会议主题无关的内容。会议的主持者要注意把控，不要使发言偏题。不提倡领导干部出席与己无关的会议，会议的组织者也不得邀请不相干的领导干部出席来抬升会议档次。

（3）限定时间。会议的起止时间和发言时间都应事先做出明确规定。会议过程中主持人要小心掌握时间。发言人讲话超时要及时提醒，从根本上纠正会议冗长拖沓的不良风气。

## 三、规范推进会议程序

一次会议能否取得圆满成功，最终还是取决于会议进行过程中，各项程序能否得到有效推进。会议进行时，领导干部要保证会议按照严谨的会务程序进行运作。

1. 会议进行前

会议进行前还要做的准备工作具体包括以下几个方面。

（1）拟发会议通知。会议通知，是会议主办单位发给与会单位和个人的书面文件。其要点包括六项：标题、主题、会期、出席对象、报到时间与地点，以及与会要求。会议通知应提前下发并保证送到。

（2）起草会议文件。会议所需的各种文件材料均应在会前准备妥当，并在会议正式开始前发给全体与会者人手一份。其他需准备的会议文件主要有开幕词、闭幕词、主题报告、大会决议等。

（3）做好会务工作。会议开始前，很多具体的事务工作和人员安排应提前落实。首先是会议工作人员，包括安排接待人员，布置场地，检查设备，联系媒体等。

2. 会议进行中

会议进行中需注意的程序工作包括以下几个方面。

（1）人员签到。为统计到会人数，并确保会议的安全，大型的正式会议往往要安排与会者进行签到。签到的形式包括：签名签到、打卡签到、交券签到等方式。有些会议要求与会者凭证件入场，也是相同的目的。

（2）例行服务。指会议进行过程中各种服务工作。如与会者到场时的接待、引导、陪同。对于特殊与会者，如年龄大等人群，需做到重点照顾。与会者的茶杯、茶水、纸巾等用品要提前备好，及时供应。与会者的一切正当要求，都应服务到位。

（3）作好记录。凡重要会议，皆应做好必要的会议记录。正规的会议还要安排专人负责记录。会议记录的内容包括会议名称、出席人数、时间地点、讨论事项、发言内容、表决结果，等等。

3. 会议结束后

会议结束之后，一般有如下三项必不可少的收尾工作。

（1）形成会议文件。会议目的一般是形成某项决议。因此，在会议结束后，应形成会议决议、会议纪要等专门性的会议文件。它们既是会议的主要成果，又是将来贯彻会议决议、落实会议精神的依据。

（2）处理会议资料。会议有关的一切图文、声像资料，应根据相关保密制度与工作需要，于会后集中进行处理。包括资料的汇总、存档、回收、销毁。

（3）安排嘉宾返程。会议结束后，应为全体与会者的返程提供必要的安排，给予返程者一切应提供的便利。必要时，应主动为对方安排交通工具，或是为其订购车票、机票等。

## 第二节　主持会议的礼仪

一场成功的会议，离不开主持人的主持之功。从某个层面上讲，会议主持是对主持者综合能力的一次考查，是对礼仪修养的一种检验。领导干部想要主持好一次会议，需要做好各项准备，熟悉会议议程，把握议程推进。

领导干部主持会议时，既要保持沉稳的风度，又要灵活善用各种技巧；既要严格把控议程环节，又要善于应对突发情况；既要营造民主开放的氛围，又要确保紧扣会议主题。总之，主持会议是一项能力、素质与礼仪的综合考验。

### 一、熟知主持会议的基本程序

会议的种类不同，程序步骤也不同。法规明文规定进程的会议，要严格按照规定进行，不可随意变更。没有固定程序的会议，应由领导干部在会前拟定议程，并由会议主持者在会议中严格推进。各类会议的具体程序不尽相同，但也有其相同之处。

1. 宣布开始

主持会议的领导干部宣布会议开始，并作简单的开场白或开幕词。会议开场白即简单介绍会议主题、会议参与人等，会议开场白应做到简明扼要。

2. 讨论议题

讨论议题是会议的核心部分。上级精神的传达、问题的协商解决、意见的协调统一、工作的研究部署，都是在这个阶段完成。因此，会议主持者要严格把控，有效推进会议程序，使会议达到预期效果。

会议主持者叙述会议主旨后，要营造民主、热情氛围，积极调动与会者参与到会议讨论中，让与会者发言，深入讨论会议主题。领导干部应以平等态度参与讨论，汲取会议中有价值观点，合理控制场面，引导大家为主题出谋献策。如此才能让会议高效、有序进行。

3. 会议总结

在会议即将结束时，主持者要对会议讨论了哪些问题、通过了哪些决议，制定出台了哪些政策文件，取得了哪些成果进行高度的概括、总结，并向与会人员报告。同时，对会议的传达学习、贯彻落实及下一步工作的展开做出具体明确的指示。

## 二、熟练掌握主持会议的技巧

主持会议的技巧主要体现在两方面：一是主持人的提问技巧，二是遇到突发情况时的应变能力。

1. 主持人的提问技巧

主持人在会议上要进行多次提问，提问的技巧要依据内容而定。

（1）事实的提问。指一般性的提问题，目的是获得事实性信息，如“这件事是什么时候发生的？”“这件事由谁负责？”“多少人牵连在内？”等等。

（2）解释的发问。解释的发问指为探询有关问题的解释而提出的问题，如“你怎样解释这件事？”“我们怎样来看待这组数据？”等等。

（3）价值的发问。价值的发问是指要求对方给出意见和判断。如“这个问题有多严重？”价值的发问涉及价值判断。通常在回答这类问题的时候，对方可能引述一些事实或数据。因此，主持人在听取这样的回答时，要能够准确判断对方的回答是否符合客观性要求。从而辨别出事实和意见之间的区别。

（5）反语性的发问。反语性发问是指用来激发参与者思考的提问。这种问法采用问句形式来引起讨论者的注意，启发他们的思路，或提供思考问题的角度，如“毫无疑问，我们已经享受了富裕的日子，但如果目前的经济状况持续下去的话，我们应该如何去适应呢？”

2. 主持人处理棘手问题的技巧

在任何形式的会议中，主持人都可能遇到一些棘手的局面，这主要包括以下几种情况。

（1）参与者发言太长。会议的时间是有限的，在会议中，总是有部分人会侃侃而谈，时常会出现偏离主题，此刻主持人应抓住他讲话中和主题相关内容，询问另一个人是如何看这个问题，或者主持人可以用一些汇总性的话语，打断其发言，并提示他以简单话语完成会议发言。

（2）参与者不愿发言。主持会议不仅要营造良好的气氛，关键要引导与会者积极参与到讨论当中。当会议比较沉闷，主持人应多加鼓励，积极提问，告诉与会者即便说错了，也没关系。应激发与会者参与热情，同时，对于与会者发表可行建议，要给予肯定。如果与会者阅历较深，但处事严谨，不肯多言，此时主持人应懂得礼贤下士，如“你对这方面有很深的研究……”让与会者感到自己意见对于会议有很大影响，促使他们积极发言。

（3）发生争端或冲突。会议既然要讨论问题，发生意见冲突就是很正常的事。事实上，会议需要有不同意见的交流碰撞，以便显示各方观点，找出各种可能的解决思路。当不同的意见被提出时，每个与会者都有责任认真倾听。作为会议主持者，要做的是引导各方心平气和地交流，尊重各方观点，寻找意见共同点，缩小差异。切不可把注意力误导至分歧上，把冲突扩大化，甚至演变成争端，那将是主持者的失职。

### 三、有效控制会议进程

控制会议进程，是一场会议顺利进行的核心任务。而会议进程需要主持人有效控制，会议进程主要是时间和主题两个方面，会议主持者可从以下几点采取措施。

1. 按时开始

到了预定开会时间，准时进行会议。即便与会人员没有全部到齐，也要照样开始。准时开会不仅把控了开会时间，更是对准时到会者的一种尊重。

2. 制定基本的规则

为了提前预防可能出现的问题，会议主持者应提前拟定会议规则，并事先告知每一位与会者。一个典型的会议条例通常应包括以下几项要求：一是与会者按时出席；二是遵循议程；三是别人发言时不可打断；四是发言有时间限制；五是对别人要表现出礼貌和尊重。

3. 休息后马上回来

如果会议时间较长，可以在会议中间安排一段休息时间。主持人宣布稍作休息时，应讲明休息时间的起止时间，便于与会者及时返回会议现场。会议再次开始前几分钟，主持人应环视会议室，如果与会者没有及时回到座位上，就应发出召集信号，宣布会议即将开始。

4. 保证会议程序

主持人要保证会议各项程序的连续性，使议题循序渐进，按部就班地得到解决。一般会议的程序包括四个步骤：首先确定要解决的问题；其次对该问题进行全面讨论；再其次是商讨可行的方案；最后确定最终的解决方案。

## 四、注意主持会议的语言禁忌

在主持会议的过程中，主持人的语言表达很重要。在这一点上主持人要注意以下几个问题。

1. 忌拖泥带水

主持人应以简明的语言解释事实、表达思想，不要在每个话题上都啰啰唆唆，绕来绕去。因为主持人说话拖泥带水，容易引起与会者的不耐烦情绪，降低参与会议讨论的积极性。

2. 忌陈词滥调

主持人的任务是引导话题、掌控全场，每一句话都应有切实的用处，这样说话才有分量。如果主持人满口官腔套话，势必会让与会者产生懈怠情绪，不利于会议顺利进行。主持人要让会议内容充实，就要做到：一是说话开门见山；二是不说与会议无关的话；三是语言应生动风趣。

3. 忌专断独行

主持人的任务是引导大家发言，绝非搞一言堂。为此，主持人要注意在会议上的发言技巧。要多用设问句的句式，给与会者以启发，不要只肯定句式一用到底。讨论过后，主持人将各种意见汇总比较，选择最有可行性的方案，对于没有被采纳的意见，不要流露出否定之意，而应承认其在讨论中发挥的重要作用。

## 第三节　在会议上发言的礼仪

会议发言分为正式发言和自由发言两种。前者通常指领导报告，后者通常指讨论发言。正式发言应衣冠整齐，展现自信自强的风度。发言时要吐字清晰、逻辑分明、简明扼要。自由发言则较随意，但也要注意简短、明确、态度平和。

在会议上发表讲话有很多讲究，例如最常见的三点禁忌：一是忌冗长，啰里啰唆；二是忌空洞，废话连篇；三是死板，内容枯燥。会议发言是政务礼仪的组成部分，是每一位公务人员应该学习的业务。会议发言要追求准确、精炼、生动，才能打动人心，以理服人。

### 一、准确明白表达自己的思想

公务人员，尤其是担任领导职务的干部经常要在会议上发表讲话。会议上讲话主要目的是传递信息，交流思想，将自己的想法清楚明白地告诉每一位与会者，以供集体决策参考之用。因此，会议发言最重要的一点是表达的准确性。这就需要公务员在组织语言时，注意措辞的准确、准确发音，避免误解。

1. 用词准确

讲话要做到表达准确，首先要选好所用的词语。认真选用贴切的词语，对于整个意思的呈现是至关重要的。一篇精彩的发言稿，不需要过多华丽辞藻的修饰，简明扼要，让人听了会感到字字珠玑，无懈可击。高水平的发言稿甚至能让人做到无法改动一字，这就是用词的严谨。

2. 注意口音，准确表达

讲话是通过声音传递信息的。在汉语中存在大量同音词，语音又无法如书面语一样借助字形区分一些词语的确切含义，因此发表讲话时某些词可能会造成歧义。如：食油—石油、娇气—骄气、财物—财务、水利—水力，等等。这类词易造成意义的混淆，在讲话中需要使用这些词时，应加上合理的修饰语使听众能区分开来，或者有意识地进行替换，如用“食用油”替换“食油”，用“傲气”替换“骄气”，以避免产生歧义。

**二、明确观点，谨防跑题**

讲话者在明确了会议主题后，应围绕主题确立自己要表达的观点。观点必须明确，要为主题服务。不可没话找话，谈论和主题无关的内容。同时，简化会议说话，也要避免跑题，不相干的事尽量一字不提，以免带偏了发言的走向。那么，如何做到恰如其分表达观点呢？一般来说，会议发言所要表达的观点应符合以下四条原则。

1. 正确

如何判断会议中的话有价值，主要看其观点的正确与否。只有树立正确观点，才能让会议沿着正确方向进行，错误的观点，只会对工作产生负面影响。有时讲话的政治色彩较浓，要特别注意表达的观点是否符合党的四项基本原则。

2. 鲜明

在会议上讲话时不仅观点要正确，表达的时候还要立场坚定，自信满满，堂堂正正、旗帜鲜明地亮出自己的观点。含糊其词、吞吞吐吐，即使你的观点正确，也会让人觉得你的说法底气不足。对发言者来说，要求通过适当的措辞，使思想上的观点体现在文字与语言之中。如果对自己的观点信心不足，若讲话的准备时间不足，也应迅速提升技能，尽量使自己的观点鲜明。

3. 集中

在会议发言中，并不是说得越多越好，表达意思就变清晰。会议发言一般会有一个主题，其余观点必须集中。所谓观点要集中，包含了两层意思：其一，发言内容中的每一个观点都要紧扣主题，离题万里的观点要割舍；其二，所表达的几个观点中，要层次分明，把要表达的内容集中在主要观点上。这样才便于听众抓住话里的重点，充分理解发言者的意思。

4. 深刻

有人在发言时，为了说明一个问题，常常费尽口舌，却没说出什么有价值的内容。这是由于说话者的观点没有触及问题的本质。所谓的“一针见血”，就是指表达的内容切中要害，揭露了事物的本质。

此外，为证明观点，可以借助哲理名言的帮助。科学家、思想家的哲理名言，是实践经验的总结、历史经验的概括、丰富生活的凝练、人生奋进的指南。因此，在会议讲话中，若能准确、恰当地引用哲理名言，则能强化发言的理论分量，让观点更深刻。

## 三、巧借语气掀起讲话的波澜

会议上的讲话应避免生硬，会议讲话力求做到抑扬顿挫，在表达清楚观点的同时，还能与会者的心灵，引发同感。如何运用说话的语气，并没有固定的规律，需视情况而定。一般说话的语气有高低、快慢、进停、长短之分。我们在与人交谈时，常见的情形是声音由高到低，由快到慢地重复，一直不停。事实证明，这是一种很自然的方式，而且令人感到愉悦。公务人员在讲话时要有意识地利用这种方式。若是声音单调、平淡而又枯燥，听众很难被打动。

在讲话中，可以突出表现重要句子，或讲道重点观点时，适当保持沉默，都可引起他人注意。会议讲话中，想要运用好好语气，并不是一蹴而就的，可以结合自己习惯、借鉴他人好的地方，让自己的发言更有力度。

## 四、注意讲话过程中的细节

公务人员在会议中讲话，不仅要注意表述清楚，还要注意许多细节。

1. 目光坚毅

说话时要坚定而自信，眼睛正视对方，这样才能显示出讲话者是充满自信且颇具才干的。若讲话时眼睛不敢正视，总是低着头，会使人觉得这个领导干部性格软弱，意志薄弱，容易支配。

2. 姿态端正

说话时姿态端正是注意礼貌的体现，能够给听众留下一个好印象。与听众谈话时，身体略微前倾，会让别人更容易接受你的意见。

3. 善用手势

有着丰富演讲经验的人都知道，合理地运用手势，可以大大为演讲增色。但要注意不可指着别人的脸晃动手指，那样是不礼貌的。讲话清晰，手势受力，这样等于告诉对方："我对自己的观点信心十足。"

4. 关注听众

发言者想要有效地向听众传达自己的意思，就不能自顾自地进行单向传播，要增加与听众的交流。这种交流未必要通过语言进行，可以从对方的目光中得知对方的情绪反应。发言者在讲话时，目光范围要照顾到大多数人。研究显示，一个人紧张时，目光会游离不定，而且眨眼次数增加。还要注意对方的小动作，无意中的小动作往往能透露一个人的心情。例如，你发现对方在听你讲话时腿在轻轻晃动，这表明听众对你的话不以为然。

## 第四节　组织会议讨论的礼仪

会议讨论是会议的主体内容，是达成会议目标必不可少的步骤。信息的交流、思想的交汇，都要在会议讨论中实现。作为会议组织者的领导干部，要加强自己组织会议讨论的能力，推进活跃的、有效的会议讨论。

组织会议讨论，一方面需要组织者围绕中心议题，积极创造平等交流、畅所欲言的气氛；另一方面需要组织者能够临场应变，掌握会议节奏，控制会议进程，规范会议发言。这几项若言辞不准、方法不当，就会干扰会议进程。

## 一、巧妙安排好会议议题

1. 议题的要求

会议讨论的议题应当明确、集中，不宜过多。议题要符合下列要求。

（1）时机适当。会议讨论的议题必须是工作中亟待解决的问题，并且时机正合适。

（2）合法可行。所讨论的问题必须是会议权限范围之内的事情，这样从才能保证会议所通过决案能够有效执行。

（3）主题明确。一场会议无论是要讨论一个问题还是多个问题，但会议的主题只有一个。会议前应让与会者明白会议议题的中心是什么，要解决什么问题。同时，要求与会者在会议前准备相关材料，以便在会议上发挥作用。

（4）经济节约。应考虑该项议题提交会议讨论所需花费的时间、人力和物力是否合算。

2. 议题的安排

会议可根据以下几点建议在议题中做出选择。

（1）需要立即得出结论的议题应排在前面，留待下次解决的问题可排在后面。

（2）需要会议成员花费大量时间与精力商讨的问题，应安排在会议前半段，其他被关注的问题可放在后面。

（3）议程最后一项以统一意见为好。

（4）有些议题将缩小和扩大参加讨论范围的，最好在会议的最前或最后。

## 二、正确对待反面意见

想要找出解决问题的最佳方案，光让人说好话是不够的，还必须能正确接受一切反面意见。胸怀宽广，从谏如流，是领导干部崇高精神道德境界的体现。也只有给反面意见以空间，才能组织起一个人人充分讨论的良好环境。在会议讨论中，有人提出反面意见是很正常的。作为领导干部，能够正视和自己的对立意见，从其中汲取有利的一面。

1. 反面意见不一定是错误意见

反面意见这个词，并不包含对内容对错的判断。它可能是错误的，也可能是正确的。反面意见不过是持有和上级的意见或多数人主流意见对立的一面，它并不一定是错误的。领导干部只有明白这一道理，才能在会议上正视反面意见。

2. 反面意见未必就是和领导唱对台戏

有些领导干部在会议讨论过程中，一听到反面意见，就觉得是下级有意和自己过不去，成心和自己对着干。这导致了他们不能合理地看待反面意见。这是一种错误看法。或许有个别人是想和上级唱对台戏，但绝非大多数人都如此。由于人们看问题的角度不同，认识、判断能力也有差异，意见相左，观点相悖，都是正常现象，不必过分解读。如果把反面意见都理解为对抗，那等于是鼓励人们一切顺着领导的话说，会议上还如何能有各种意见的交汇呢?

3. 妥善处理反面意见

有人提出反面意见时，会议主持者既不要断然拒绝，也不要急于解释，而应以热情开放的态度，认真地听对方把话说完。详细了解对方的意见和理由，然后对他们的意见进行认真的分析。对于意见中合理的部分，应进行充分的肯定，并加以吸收。不合理的意见可进行更深一步的讨论，从正面说明道理，帮助提意见者提高认识。

### 三、鼓励沉默者参与发言

会议主持者常会遇到的尴尬局面之一就是会上无人发言。这也是主持人要解决的主要问题之一。不管会议开得多好，大多数时候往往是不说话的人居多。领导干部首先要明确，沉默不代表消极。沉默的理由各不相同，对于不同理由的沉默者，要根据实际情况进行鼓励。

1. 对害羞沉默者的鼓励

有些人或许肚子里装着一堆话，但不愿意讲出来。或许是怕别人不能接受，或许是不想出风头，因此想讲又不敢讲。对于这类人，领导干部要抓住机会鼓励他发言，并表示对他的发言很有兴趣，提高他的发言积极性。

2. 对少数派沉默者的鼓励

如果会议上已经形成了大多数意见，持有少数意见的一方，由于害怕被孤立，索性不发言以示默认。如果少数派总是不发言，是不利于解决问题的。因为有时候，正确的意见可能是掌握在少数人手中。对于这类人，领导干部要坚定地予以支持，给他足够的勇气发言。

3. 对自由主义沉默者的鼓励

有些与会者责任心不强，认为会议议题与己无关，抱无所谓态度，或是认为自己人微言轻，少了自己一个人的意见无关紧要，因此在会上不动脑筋思考，不参与发表意见。领导干部要积极鼓励这类人参与到会议当中，必要时应对其持有如此工作态度，予以批评、惩戒。

**四、对棘手情况的处理**

会议中可能发生各种妨碍会议正常推进的事件，主要包括争吵、冷场、离题和干扰的处理。如何处理这些刺手情况，体现出主持会议的领导干部的智慧。

1. 平息争吵

会议中的意见分歧有可能演化为激烈的争吵。领导干部对此要警惕，当出现争吵的苗头时，应及时引导，尽量在争吵爆发前将其遏制。如果已经发生了争吵，主持会议的领导干部要理性处理，保证会议正常进行。

如果是因意见分歧发展成争吵，主持会议的领导应杜绝此苗头恶化，可以指出会议讨论的重点，及时将与会者拉回会议，同时，让权威人士发表观点，以淡化争吵风波，让会议正常进行。

2. 应对冷场

冷场是一种常见而又使主持人感到难办的问题。冷场的原因有很多，主持会议的领导人可以根据不同情况，采取不同的措施，如果是与会者不明白会议主题，主持者可再次交代会议主旨，向有经验的人发起提问，打破冷场；如果会议主题涉及与会者自身利益，从而导致与会者不愿意发育，主持人可从和主题利益不大的人入手提问，缓解会议气氛。

3. 应对离题

碰到发言离题的情况，不可强行打断对方，这样既会不同程度地伤害发言者，又往往容易使会议从热烈急速转为冷场。扭转离题现象要讲究技巧，如主持者可结果议论中一句贴着议题边缘的话，顺势向议题讨论的方向引导一下，把偏离的议题再扭回来。

4. 应对干扰

会议活动中难免有突发事件干扰会议正常进行。主持会议的领导干部需要引发这种现象的人进行批评。这种批评，如需要充分详细的分析原因，耐心指出应该怎么样，而应该简短，几句话点到即可。这种批评是为了使会议更好地进行，不是要迫使干扰会议的人离场。因此批评时既要顾虑被批评者的感受，还要顾及对在场所有人造成的情绪影响。

# 第二章 领导干部的致辞礼仪

## 第一节 在公务活动中的致辞礼仪

所谓致辞，就是领导干部在会议等正式场合上的讲话。它是领导干部传达政策、指导工作、展示形象的重要工具，是公务活动的重要组成部分。领导干部的致辞水平，体现了个人的文化素养和公务活动中的领导能力。

在公务活动中好的致辞，应通俗与高雅兼具，它能晓之以理，动之以情。生动的言辞能够打动听众心灵，引发共鸣，让致辞发挥更大效果。接下来，一起了解致辞礼仪的相关内容。

### 一、致辞的类型与特点

1. 致辞的类型

根据致辞场合的区别，常见的致辞有三类。

（1）节日致辞。即领导干部每逢重大节日发表的贺词，以及在节日庆祝活动上的讲话。如新年贺词、春节贺词、“五一”国际劳动节致辞等。

（2）活动致辞。即领导干部在一般公务活动上的致辞。如重点工程开工奠基、项目竣工、商场开业等活动上的致辞。

（3）会议致辞。专指领导干部在正式会议上的致辞。如欢迎词、会议开幕词、会议闭幕词等。

2. 致辞的特点

领导干部致辞主要有以下三方面特点。

（1）主题鲜明。无论是举办活动或召开会议，都应有明确主题。所以，领导致辞首先要明确主题。若是活动致辞，就要围绕活动的意义、传达的政策精神，等等。若是会议致辞，就要直入会议的主题与内容。致辞只有主题鲜明才会有感染力。有些领导干部在致辞时，经常扯官腔、讲套话，游离于主题之外，甚至完全不着边际，这种致辞让人听得一头雾水。

在某些活动上，领导代表本单位致辞时，不仅是针对本次活动，还是在借此机会宣讲政策、分析问题、传达精神，起到教育、影响下级干部或人民群众的目的。从这个意义上说，领导干部的致辞更要有明确的主题，不要让下面的人听完后却不明白领导到底支持什么、反对什么。

（2）内容新颖。领导致辞的目的，绝非走过场、撑台面，而是要将活动的意义与精神传达出去，帮助大家提高认识。因此，优秀的致辞，不应是陈词滥调，而是要包含着认识上的创新。致辞中是否有创新，体现了领导的认知水平，也影响着听众的认可与接受程度。致辞的创新主要包括两方面：一是理论和认识上的创新，二是内容与材料上的创新。这要求领导干部平时要跟紧时代步伐，了解社会上的热门事件，以及流行的看法、新颖的表达方法。

（3）互动性强。优秀的领导致辞绝非照本宣科，而要充分考虑到听众的组成、群体性质和现场感受，营造良好的现场效果。例如，许多大型活动中参加者众多，人员组成复杂，领导干部在致辞中应对所有活动参与者的到场表示感谢。如果遗漏了某些人，则会给人家带来不好的心理感受，也会使参与者对活动本身，以及领导能力水平的认可度大打折扣。

## 二、致辞的撰写方法

同任何好文章的写作一样，想写出一篇生气勃勃、打动人心的优秀致辞，必须掌握一定的写作技巧。

1. 好的开头很重要

致辞的开头非常重要，这也意味着开头会很难写。好的开头能奠定好的基调，想要写好开头，应做到：形式简练、内容新颖、引人入胜。好的开头，可采用借由其他事件引出主题的方法。这种手法类似于古代诗歌的“比兴”。此法的显著效果在于不着痕迹，感情上水到渠成。用于引出主题的事件可以是社会中政治、经济、文化、生活等领域的相关热点问题。这些问题本就是民心所系，若能引入致辞之中，稍加点拨，很容易引起共鸣。

2. 站在听众角度

致辞是要讲给台下听众的，致辞是一种现场感很强的活动。致辞想要打动人心，就要从听众的角度出发，考虑听众的所思、所想和所感，才能触动听众心灵。当然，站在听众角度，不是要让领导干部放弃自己的看法。致辞是含有领导干部本人的视角与观点的。领导干部看问题比下属和群众更为宏观、全面、眼界更高。在致辞中，领导干部不可一味从听众角度出发，忽略自己的观点。

3. 投入感情

致辞虽然是公文写作的一种，但同办公用的公文有明显区别。由于致辞是要讲给别人听的，想要打动听众，需要领导干部投入真实感情，在致辞中做到讲实话、抒发真情实意，这样才能让致辞更富感染力。当然，抒发真情实意，不仅是抒情，更重要的是要立意，一定要将自己的观点阐明，避免致辞的空洞。

## 三、致辞的语言风格

致辞的内容需要有一定的文学性，如果一味追求文学性，又会显得矫揉造作，不符合领导人的身份与作风。优秀的致辞，其语言风格应是庄重与生动兼有，朴实与精致并存。具体来说，致辞的语言风格应达到以下几项要求。

1. 真挚朴实

最感人的语言，往往是最朴实真挚的语言。过多的刻意修饰反而会削弱语言的表现力。这一点需要写作者拿捏得恰到好处。即使没有华丽的文笔，也不能失去了情感的朴实。想要打动听众，必须让听众感受到你的感情是真挚的。

2. 充实具体

致辞需言之有物。为此，领导干部在讲话前应做深入细致的调查研究，充分了解听众的心理。有些领导干部由于事先没有做好深入的调查研究，在公共场合被邀请讲话时，不可出现支支吾吾、词不达意，最后只好夸夸其谈、大摆官腔。

3. 深入浅出

致辞是要传达某些信息、述说某些道理。要想让观众理解并接受，需要考虑到不同听众理解能力上的差异。若是听众听得似懂非懂，活动的目的很难达到。为此，致辞的语言必须深入浅出，让每个人都能听明白。即使是官方语言，也要尽量贴近民众的说法。一个令讲话内容深入浅出的好办法是举例子。旁征博引，借古论今，用大家都明白的事实案例讲出复杂深刻的道理。

4. 言简意赅

首先，致辞占用的时间不能太长，大部分在3分钟之内。因此，简短精练就成了致辞写作的要求之一。写作中时刻围绕主题，精炼文字，删繁就简，做到意尽言止。这就再次提出了致辞语言通俗化的要求。在语言的选择上，要尽量偏口语，少用长句，公文中结构严谨、逻辑严密的句子，尽量不要出现在致辞中。这样的句子不仅领导干部本人说着费劲，听众听着也不耐烦。其次，少用过于书面化、文言化的词语，少用冷僻词语。

## 第二节　开幕词与闭幕词礼仪

开幕词是在一些大型的活动或会议开始时，由主持人或主要领导人所作的开场讲话，具有宣告活动意义、指示活动内容的作用；闭幕词则是在此类大型活动结束时，由领导人或德高望重者所作的讲话，具有总结活动成果的作用。

开幕词和闭幕词是活动致辞的一种类型。开幕词具有宣告性和指导性；闭幕词具有总结性和号召性。开幕词与闭幕词都对一场活动具有十分重要的意义，是大型活动中必不可少的程序。开幕词与闭幕词的水准，反映了领导干部的组织领导能力和政治理论水平。

## 一、开幕词的类型与特点

开幕词的内容主要是向来宾介绍活动的意义、宗旨，以及主要内容。开幕词体现了主办方的意愿。领导致开幕词的时间一般是在活动正式开始前，或在致欢迎词之后。开幕词并非只具有庆贺性的意义，它还对整场活动起到重要的指导作用。

1. 开幕词的种类

开幕词通常按内容分为一般性开幕词和侧重性开幕词两种。一般性开幕词内容较简单，只介绍活动的目的、议程、来宾，等等。侧重性开幕词内容较深，但各有侧重。往往针对活动的重大意义、历史背景、重要精神等作重点阐述，其他问题则交代得较简略。

2. 开幕词的特点

（1）宣告性。开幕词的首要目的是正式宣告活动开幕。对于较隆重的活动，这一步是至关重要的。因为它象征着活动的庄严。如果是具有历史意义的活动或会议，如全国人民代表大会，那么开幕的一刻宣示了意味着活动的伟大意义开始产生。

（2）提示性。开幕词中要明确交代活动的主题，简要介绍活动议程，起到开宗明义的作用，使到场者心中有数。

（3）简明性。开幕词是活动开始前的宣告性讲话，要求简洁精炼、突出重点。开幕词切忌长篇大论，浪费时间的同时，还会让听众失去对活动的兴趣和热情。

（4）口语性。开幕词具有活动前动员的意义，语言应通俗、生动，且富于激情，才能唤起人们对活动的兴趣。开幕词应明朗、上口，多使用祈使句寄予祝福，不宜出现陈词滥调、空话套话。

## 二、开幕词的写作格式

开幕词一般由标题、称谓、正文、结语、落款五部分组成。

1. 标题

开幕词的标题一般用于文稿发表的时候，可直接写“开幕词”三个字，也可在“开幕词”前加上活动的名称。

2. 称谓

开幕词的称谓要根据参加活动者的性别、职业，以及身份地位而定。发表文稿时，称谓位于标题下一行，顶格写。

3. 正文

正文开头先要交代活动的名称，格式一般为“×××活动开幕”，如“我宣布第三届中国西湖博览会隆重开幕”。然后对活动的规模及来宾身份做简单介绍，并祝贺活动的召开并对来宾表示欢迎。需说明的是，在发表文稿时，开头部分必须单独列为一个自然段。同时，正文中要交代活动的内容、主旨，阐明通过活动想要达到哪种目的。正文部分是开幕词的重点，应做到明快、流畅，充满热情，富于感染力和号召力。

4. 结语

结尾处要对所有来宾表示欢迎与感谢之意，并预祝活动圆满成功。

5. 落款

落款处交代主办单位和日期。

## 三、闭幕词的内容与特点

1. 闭幕词的内容

凡是重要的活动，开幕词和闭幕词是相对应的，二者都是必不可少的程序。活动有个隆重的开头，自然也应有郑重的结尾，给人以庄重之感。闭幕词宣告活动结束，同时也是活动取得圆满成功的标志。因此，外界对于活动的印象是否圆满，闭幕词起着重要的作用。

致闭幕词的领导人，与致开幕词的领导人一般不是同一人，通常与致开幕词者身份相当或略低。闭幕词要对活动作出肯定性的评估，总结活动取得的成果，并阐述活动体现的主要精神，论述其深远影响，最后号召所有人将收获的经验、精神等传承下去，对未来延续辉煌进行鼓舞和动员。

2. 闭幕词的特点

（1）总结性。闭幕词是用于活动闭幕式的文体，是活动最后的总结性发言，具有画龙点睛的作用。闭幕词要总结的内容包括活动的完成情况、贯彻的精神、取得的成果，以及活动的主要意义和深远影响。

（2）概括性。闭幕词要对活动结果进行高度总结，因此语言必须具有概括性。闭幕词同开幕词一样，要求篇幅短小、语言精练。

（3）号召性。为表示活动的意义并未随着活动结束而终止，闭幕词要在结尾处声明活动意义的长远价值，号召相关人员将活动的成功经验发扬光大，为取得更加辉煌的成就而继续努力奋斗，增强来宾的决心和信心。为此，闭幕词的语言除了要简短精练，还应热情洋溢，富有号召性和鼓舞性。

（4）口语化。同开幕词一样，为保证语言的简洁性与感染力，闭幕词的语言应接近口语，通俗易懂，生动活泼。

**四、闭幕词的写作格式**

闭幕词的结构与开幕词基本相同，都是由标题、称呼、正文、结尾与落款五部分组成。

1. 标题

标题通常由“闭幕词”三字或“活动名称+闭幕词”构成。

2. 称呼

称呼要面向参加活动的全体人员。

3. 正文

在标题和称呼之后，另起一行进入正文，首先要单独列出一段，说明活动已取得圆满成功，现在即将闭幕。其次概括性回顾活动的进行情况，恰当地总结活动的收获、意义和影响，对活动成果进行肯定的评价。正文的主体部分要阐明活动的深远意义，体现其重要影响。最后向参与者提出发扬活动经验、传承活动精神等要求。一般说来，这几方面内容须面面俱到，且顺序固定，才是一篇完满的闭幕词。闭幕词是与开幕词相呼应的。论述活动成果时，应说明活动预定的流程取得了怎样的进展，与开幕词收尾呼应。

为了写好闭幕词，致辞者要掌握活动的基本情况，有针对性地评价活动成果，同时认识到活动尚有待进步的空间，或呈现出的不足与局限性，并提出相关的建议，使活动意义进一步升华。若是某个会议的闭幕词，应重点表明会议通过的主要事项和基本精神。闭幕词应起到激发斗志、增强信念的作用。因此结尾部分一般要以坚定的语气发出号召，提出希望，表示祝愿。

4. 结尾

结语部分，郑重宣布活动正式闭幕，并对为保证活动顺利召开的有关工作人员表示感谢，最后通常以一句“我宣布×××活动闭幕”收尾。

5. 落款

落款处交代主办单位和日期。

闭幕词与开幕词前后呼应，首尾衔接，显示大会开得圆满、成功。

## 第三节　即兴演讲的礼仪

演讲又叫演说，是指在公众场所，针对某个问题发表自己的观点，阐明事理或抒发情感，进行宣传鼓动的一种语言交际活动。领导干部经常要在各种场合发表演讲。可以说，演讲是公务活动中最常见的形式之一。

领导干部的演讲，具有阐明道理、传达精神、教育群众的作用。为此，领导干部要具有很高演讲才能，才能让自己的演讲打动人心。演讲不仅需要好的口才，还要兼具各种礼仪辅助。演讲是公众场所的活动，必然要遵循一定的礼仪规范。领导干部在演讲时，表现出的不仅是口才，还有学识与风度。

### 一、进入会场的礼仪

演讲时的礼仪，首先表现在进入会场之时。因为听众在听到你的声音之前，先会看到你的仪表与姿态。进入会场需注意的礼仪包括。

1. 步入会场

步入会场时要面带微笑、步态沉稳。身为演讲者，要显得举止大方、态度谦和，才能与其身份相称。

2. 介绍之后

主持人介绍演讲嘉宾的身份后，演讲者应向主持人及听众点头致意，并通过神态表示出“不敢当”之意和感激之情。有时在正式演讲之前，主持人会先邀请嘉宾共同落座，简单交谈几句。落座时演讲者应主动请对方先坐，以示礼貌。坐下后要始终与主持人面对面，不可随意东张西望。

3. 登上讲台

正式登台演讲时，要上身挺直、步伐稳健、精神饱满地走上讲台。首先要面带微笑，向台下听众示意问好，用目光环视全场，表示同每一位听众打招呼。演讲者一般是站在前台中间为宜，这时可以统观全场，以最宽广的视角注意周围听众的情绪，且能使处于不同位置的听众都能从各自角度看到演讲者的面部，听到演讲者的声音。

4. 站姿挺拔

注意站姿要挺拔，这样才能给人精神勃勃的感觉，不可弯腰斜背、抖腿。女士可用“V” 字形或“丁”字步站立，男士双脚紧闭，或呈跨立姿势。

5. 演讲开始

向听众问好、敬礼之后，不要急于开口，先暂停几秒钟，以亲切的目光同听众交流，能起到安定听众情绪、组织听众秩序的作用。演讲一开始通常应表示对获得这次演讲机会的感谢之意。刚开始时音量不要太大，免得后面的演讲过程中失去了提高音量的空间。失去了语音的高低起伏，会削弱演讲的感染力。

## 二、演讲过程中的礼仪

1. 声音洪亮

演讲者的声音应根据会场的大小和听众的多少来定，以能令每个角落的听众听清为宜，不可过高，也不可过低。声音过高，会使音调变化单一，声音过低，听众听不清，不利于维持现场纪律。

2. 服装得体

领导干部发表演讲时的着装，应视演讲的场合与主题而定。总体来说，演讲者的服饰应整洁、大方、得体。男士以西装、中山装为宜，女士以套装、套裙为宜。但在某些官方色彩不是特别明显的场合，也可稍微随意自然一些，如在学校给学生发表演讲。值得注意的是，女士不宜穿戴过于奇异、性感、鲜艳夺目的服饰，这不仅是对演讲的不尊重，还容易分散听众的注意力。

3. 精神饱满

演讲者的自信，一方面体现在语气中，另一方面是通过精神状态表现出来的。演讲最重要的是精神饱满，给人以英气勃勃的感觉。一个人的精神风貌受到容貌、身姿等多种因素的影响。容貌是否俊美、身材是否威武取决于先天的生理条件，一般难以改变。但容貌身材不是决定性因素。一个人只要精神饱满，目光迥然，自会给人一股威严之感，在演讲时令人印象深刻。

4. 运用手势

演讲时的肢体语言对演讲效果有很大的辅助作用。历史上那些著名的演说家，无一不是善用手势为自己的演讲增加气势。演讲过程中，可在情绪激昂时配合手势来表达情感。但注意手势的运用要抓准时机，不可胡乱挥动手臂，以免分散听众的注意力。双手不动时，可相握放在身前或身后，或者放松垂在身体两侧。还应注意避免一再重复相同的动作，那样会显得肢体语言过于机械、僵硬，反而减损了演讲效果。

5. 站姿沉稳

演讲时，为表现出气度，必须身姿挺拔。要站得住、立得稳，切勿前后左右晃动身体，那样会使听众觉得你心神不定。若非有意增加演讲效果，不宜在讲台上来回走动。讲话时目光平视前方，不要抬头或低头。抬头仰望好像是思想不集中，还有不尊重听众之嫌。习惯于低头看稿或看地面，会让听众觉得你没自信，不敢与听众交流。这些都会影响演讲效果。

有时一场演讲可能会持续一个小时以上的时间。长时间保持站姿对演讲者的体力提出了一定要求。为此，演讲之前一定要充分休息，养精蓄锐，这样才能在演讲时精神百倍。

## 三、演讲中眼神的应用技巧

眼睛是会说话的，在演讲中不仅可以通过肢体语言增强演讲效果，眼神同样可以发挥巨大作用。眼神承担了在演讲者与观众之间建立交流的任务，甚至从某种程度上来说，演讲者与观众的交流主要是通过眼神实现的。眼神能传递热情，也能表现冷漠；眼神能体现尊重，也会流露鄙视。眼神可以发出渴望交流的信号，也能成为拒绝交流的暗示。在整个演讲过程中，眼神的运用具有举足轻重的作用。

领导干部在演讲时要善于运用自己的眼神。高明的演讲者总是能恰到好处地运用自己的眼神，向听众传达丰富而多变的情绪，很好带动和感染听众。一般来说，演讲时眼神的变化有以下五种方法。

1. 前视法

前视法是演讲过程中大多数时间段内的眼神安置方法。演讲者的视线平直向前，落在最后一排听众的头顶部位。这样的视线，可以让听众觉得“他是在向我演讲”，从而调动起听众认真听台上说话的积极性。这种视线还有一个好处就是可以统摄全场，将全场观众的举止反应尽收眼底，有利于演讲者观察听众的情绪变化，及时调整自己演讲的内容和语调。有些演讲者演讲时低着头不敢看听众，或眼神游离，左顾右盼，这其实是缺乏演讲经验的表现。

2. 环视法

环视法指有节奏地把视线从会场的左方扫到右方，再从右方扫到左方；从前排扫到后排，再从后排扫到前排。即是周期性地环顾全场。在会场较大时，这种方法可以与场上每个角落的听众保持视觉接触，不会厚此薄彼，有利于加深与听众的感情交流。不建议在演讲中多次使用这种交流方式，避免给人不稳重感觉。

3. 虚视法

这是演讲者在观察会场时常用的一种转换性目光。所谓虚视，就是演讲者的目光好像盯着什么地方，但实际上什么也没看。虚视是大范围观察力的一种过渡。这种衍射可以克服演讲分神的毛病，把思想精力集中到演讲的内容上来。

4. 闭目法

闭目法有其一定的意义和作用，如当演讲者的内容让当事人及听众情绪难以控制时，演讲者可以选择短暂闭眼，平复激动心情，采取这种闭目法能够发挥出奇效果。

5. 点视法

一般是用于不能集中精力听讲的听众，当演讲者发现会场中出现骚动，可以通过目光凝视骚动者，令其停止骚动。这样的处理方式，能够避免正面冲突，让演讲不受其干扰，正常进行。

# 第三章　领导干部的公文礼仪

## 第一节　条据的撰写礼仪

条据，是人们在工作与生活中为了证明某事或说明某些事项、情况或手续而给他人留言所用的字条。条据是字条的正式称谓，是作为凭证的字条，形式与字条相似。条据的特点是篇幅短、内容简洁、使用方便。

基层公务员由于工作性质，经常会需要给别人留条据，或者要求他人给自己留条据说明某些。在基层公务员的日常工作中，条据是实用性较强、使用频率较高的一种应用文体。条据虽然篇幅短、字数不多，但有很多规范和要求，这些规范和要求即条据的撰写礼仪。一般公务员接触的条据包括两种，分别是凭证性条据和说明性条据。

### 一、凭证性条据的撰写礼仪

凭证性条据是为证明一些事实或为契约而出的条据。凭证性条据有着不同的基本规范，每种条据又需要遵守相应的规律。凭证性条据可细化为借条、欠条、收条、领条和发条等几类。

1. 借条

借条是指公务员向个人或单位借用财物时写下的条据，具有契约功能。借条的契约效力是非正式的，在所借财物归还后，撰写者可收回借条，或借还双方当场将借条销毁。借条的保存形式分两种情况：立据者若是向个人借财物，可只写一张借条，由借方持有；若是个人代表机关单位出借财物，则借条需备两份，由负责经手出借的人和单位各保管一份。

2. 欠条

欠条是特殊形式的借条，它是作为借还财物所用作凭证。如果借方在应当归还所借财物时，因某些理由不能全部归还，只能暂时归还其中一部分，则应写下欠条。有时借方在借用财物的事实已发生之后再补写借条，这时的借条也可称作欠条。欠条的撰写方式与借条大致相同。

3. 收条

收条又称收据，指在受到他人或单位的钱物后写下的凭据，由给出财物的一方持有保存。收条可以写一份，也可以采用两联单或三联单的形式，便于日后核实。其中第一联用作存根，第二联或第三联加盖公章后交给付方，以便其回单位报销时用作凭证。

立据方归还钱物时，若直接交还借方本人，则把借条交给对方即可。有时遇到借方本人不在场，由他人代为接收的情况，这时应要求代收人出具收条，这类收条也称作代收条。

4. 领条

机关单位向某个人或另一机关单位发放钱物时，领取者应给发放单位开出条据留作证明，这类条据就叫领条。如果由第三方代领，应在领条上写上代领人与被代领人的姓名，并注明“代领”二字。

5. 发条

发条是机关单位在发放钱物时向领取者开出的条据。发条与发票有本质区别。发票由国家税务部门统一印制，是一切单位和个人在购销行为或其他经营活动中所开具或收取的业务凭证，其格式有严格规范。发条往往限于机关单位内部发放钱物，涉及金额不高，只是一种简单的凭证。

## 二、说明性条据的撰写礼仪

说明性条据，是指用于解释说明某一事件或情况，或向他人提出某些请求时开具的条据。说明性条据更加注重书写礼仪，特点是用词礼貌、谦恭。说明性条据根据用途的不同，又可细化为请假条、留言条、托事条、便函四大类。

1. 请假条

请假条即通常所说的假条。个人因病因事不能按时上班，或无法参加预定的活动时，应写假条交给工作单位，假条上需说明请假原因及请假起止时间。工作单位应妥善保存假条，以作为公务员请假的凭证，并为日后考勤提供核查依据。假条应由请假者本人撰写，若由他人代写需特别注明。撰写假条要注意礼貌，结尾处应写上“望予以批准”之类的话。

2. 留言条

留言条是预定要拜访某人时，久候某人不至，因此先行离去时留下的条据，以说明离去缘由。因意外因素导致无法与约定者按时见面时，也应撰写留言条交付对方。交付的方式一般是将留言条置于对方容易看见的地方，或由第三人转交。

3. 托事条

当需要委托他人帮忙办理某事时，出于礼貌，应撰写托事条。托事条的特点是注重礼貌用语，委婉地表达委托对方时的抱歉与感激之意。托事条一般不加标题，内容需详细说明本人身份、向谁委托，以及所委托之事的详细情况。

4. 便函

便函的使用范围较为宽泛，主要是一方需向另一方说明某些信息。便函的格式大致与书信相同。便函的字数较少，内容较简单，且形式要求较为宽松，可不加封面。便函与书信相比的区别在于不宜加入个人感情色彩，要注意语气正规而得体，用词礼貌得当。

## 三、撰写条据的态度要求

撰写条据的态度是条据礼仪的重要部分。条据的总体态度要求是礼貌、友好、谦恭。无论是凭证性条据或说明性条据，都应遵循这些基本要求。

由于基层公务员开具的条据是出于工作需要，因此开具人需本着对工作认真负责的态度，严肃、规范地对待开具条据行为。由于条据是工作中的凭证，开具者撰写条据时必须严谨、认真，在格式、内容、单位名称、本人签名等各方面要确保准确无误，字迹清楚，不可马虎随意。

基层公务员开具条据多是用于工作中的熟人和平级人员之间，必须本着“公事公办”的工作原则。不能因与对方熟悉或事情小就潦草处理，该立据的时候必须立据，一切按工作要求办事，不能令任何人有空子可钻。条据的最后要写明立据的准确日期，由立据者亲笔签名，需要时还应加盖私章或按手印。立据者保管条据时要确保妥善，不能出现遗失、损坏条据的情况。

## 四、条据的语言及保管要求

条据语言的基本要求是简单、准确。

1. 简单

条据应以简单明了的语言准确地表达事件内容。条据语言无需追求精美，不可拖沓烦冗。一般来说，一张条据只说明一件事，较复杂的内容不宜采用条据表达。

2. 准确

条据的表达必须清楚无误，没有歧义，不可出现让人模棱两可的语句。条据内容涉及金额数量时，要用大写汉字表示，不可用阿拉伯数字或小写中文数字。条据页面要保持整洁，书写条据的用纸应干净、无磨损，耐用、耐折、耐保存。书写时应避免使用铅笔，尽可能使用黑色、蓝黑色钢笔。避免在条据出现涂改问题，如发现错误或遗漏，应重新撰写。

条据是用作证明或说明某项事由的凭据。基层公务员务须妥善保管凭据，最好将凭据统一保管，必要时还应留出样据便于查阅。保管者应明白各类条据存放位置，及时整理避免因保管不当，造成条据遗失，导致不良后果发生。

## 第二节　邀请函的撰写礼仪

邀请函是机关单位为了邀请某人来参加活动或会议而发给对方的邀请性书信。邀请函是基层公务员工作中较常用的一种应用文文体。邀请函发放的对象，一般是有业务往来的商家、社会知名人士或某领域的专家学者。

通常来说，机关单位邀请对方的目的主要有发展业务、举办活动、友好交流、商洽事宜，等等。在机关单位的各种对外活动中，邀请函的使用非常广泛。邀请函的文字特点是简洁明了，朴实无华，但要保证信息完整，准确无误。

### 一、邀请函的分类

邀请函分为商务邀请函和会议邀请函两大类。

商务邀请函是主办方举办商务活动时，为了邀请有业务往来的合作伙伴所印制发放的邀请函。邀请的对象除了投资人、材料供应商、技术合作商、营销渠道商等，还包括政府部门负责人，以及新闻媒体，等等。商务邀请函的礼仪在体现主办方的热情，其形式、用词必须要谨慎。

会议邀请函是专门邀请相关人士参加机关单位所主办会议时发送的邀请函。会议邀请函不同于会议通知。邀请函的发送对象不属于本单位，不在本机关的领导或管辖职权之内。受邀者不具有法定的权利或义务参加会议，是否应邀由其自主决定；会议通知的发送对象在本单位的领导或管辖范围之内，一般有责任参与会议，且具有参会的法定权利和义务。也就是说，会议邀请函的发送方与接收方是职权上的横向关系，而会议通知的双方属纵向关系。

较为常见的需发送会议邀请函的活动有学术研讨会、商务洽谈会、咨询论证会等。发送会议通知的有如人民代表大会、领导干部大会之类的会议，以及单位举办年会时邀请内部成员。

## 二、商务邀请函的内容与格式

商务邀请函的主体格式与邀请函的一般格式相符，由标题、称谓、正文、落款四项所组成。

1. 标题

由文种或活动名+文种构成。如“×××双年展邀请函”“商务合作洽谈邀请函”。

2. 称谓

商务邀请函的称谓有固定格式：敬语+称呼，顶格写，如“尊敬的×××先生”“尊敬的×××局长”“贵单位各位领导”。若是直接发送到单位的邀请函，则直接写单位名称。

3. 正文

邀请函的正文是为了翔实说明活动的缘由、主题、流程、要求、与会人士及注意事项等主体内容，以及告之活动举办的日程、时间、地点。必要时，若有特别的食宿、交通安排，应说明清楚。最后写上活动主办方的联系负责人及联系方式。办公室工作人员要认真核实相关信息，写得明确、周详，措辞用句要礼貌得体、不卑不亢。正文最后应以“致以敬意”“恳请光临”等做结束语，表达邀请对方的诚挚敬意。

4. 落款

落款署上活动主办单位的全称或发函人的姓名、职务，以及发函的日期。

## 三、会议邀请函的内容与格式

会议邀请函的基本内容与会议通知一致，包括会议的主办单位、会议的主题和名称、会议内容与形式、参加会议的人员、会议举办的时间和地点，以及主办方的联系方式，等等。会议邀请函的格式同样由标题、称谓、正文、落款四部分组成。

1. 标题

一般由事由+文种构成，即会议名称+“邀请函”，一般可不必在标题中加上机关单位名称和“关于举办”之类的字样。如“就业洽谈会邀请函”“中国素材网论坛邀请函”。

需要注意的是，在公文写作中，“邀请函”与“函”是两种不同的公文文种。“函”是不相隶属的平行机关之间用于商洽工作、询问和答复问题、请求批准和答复审批的文种。因此，在标题中不可将“邀请函”三字拆开，如写成“关于邀请出席×××会议的函”是错误的。

2. 称谓

若发送到单位，则为×××单位名称。由于邀请函是一种礼仪性公务文，为向对方表示礼貌和尊重，不宜统称，而要用单称的写法；若直接发送给个人，应用敬语“尊敬的”+姓名+后缀，后缀为“先生”“同志”“女士”等，表示礼貌和尊重；网上或报刊上发布的面向社会大众的邀请函，由于没有确定的发放对向，可省略称呼，或统称“敬启者”。

3. 正文

正文大致可分为背景、主题、结尾三部分。开头介绍举办会议的背景和目的，主体多采用分点叙述，以序号和小标题形式写明会议各类事项；在进入正文前可以用“特邀请您出席”之类的敬语做转折，也可在邀请函开头写上“感谢贵单位多年来对×××工作的大力支持！”向对方表示敬意。主体中需写明会议时间、地点、食宿、交通等。最后写上主办方联系人、联系方式。也可写“此致”，再换行顶格写“敬礼”。

4. 落款

落款处应写明主办单位的名称，并加盖公章。若有联办单位，则分别用两行标注“承办”“联办单位”。最后一行写明邀请函发出的具体年、月、日。

## 四、邀请函的注意事项

1. 用词含有尊敬语气

由于邀请函不同于会议通知，所以用词一定要礼貌，以商量的口吻邀请对方，表达恳请对方到场的诚意，不能语气生硬，读上去像行政命令。有时还应在邀请函开头解释一下自己不能亲自面邀的原因，以免引起不必要的误会。

2. 周详考虑各种细节

邀请函是对方用以准备会议的重要依据，所以活动现场必要的注意事项一定要在正文中写清楚，让对方做好充分准备，避免对方到场后发现一些细节准备不当，如着装不合适之类，引起尴尬，为双方带来不必要的麻烦。为此，必要时可在正文中以提示的语气提醒某些细节。如有附赠的票、入场券之类，记得一并发送给邀请对象。若有较为详细的说明，另附一张纸，避免邀请函写得过长。

3. 准确计算发送时间

邀请函要提前发送，发送时间要经过充分考虑，若邀请得过于匆忙，对方可能因来不及准备而无法出席。尽早让对方收到邀请函，可以使其对各项事务进行统筹安排，留出足够时间准备并出席活动，避免因来不及准备或者拿到邀请书时已过期而无法参加活动。

【案例】3–1

**×××学术研讨会邀请函**

尊敬的×××先生：

为了对信息行业的人才培养问题进行研讨交流，我们将举办一场以“×××”为主题的学术研讨会。会议将围绕信息、软件、通信领域的行业动态和就业前景，对新时代信息领域人才培养进行深入广泛的交流。会议将邀请数十位来自国内外高等院校、科研院所、企事业单位的专家、教授、学者、工程师，我们希望通过这次会议，创建一个代表国内信息行业学、研、产最高水平的学术交流平台，分享有关方面的成果与经验。

本届大会将于×××年×月×日于杭州×××大学举行。鉴于您在信息领域的卓越成就，大会组委会特邀您前来交流、探讨。若您有相关演讲，请于×月××日前将您的演讲题目和摘要通过电子邮件发给我们，以便于我们安排你的会议发言时间。另外，我们联系了×××酒店安排住宿，×月×日将在该酒店设立招待处，如有需求，请将您的行程和住宿要求填写在附表中，于×月×日前通过电子邮件反馈给组委会。

期待着在×月的杭州与您相逢。

×××大学

×××年××月××日

## 第三节 祝贺信与慰问信的撰写礼仪

祝贺信，是指机关单位、企事业单位、社会团体或个人向某个集体或个人所做的贡献、取得的成绩、纪念日期等表示庆贺、赞扬、表彰的一类公文文种；慰问信则是以组织或个人向有关团体或个人表示关心和问候的信件。

祝贺信是从古代祝词中演变而来，它现在是表彰某个人在某些方面取得一些成就的常用形式，祝贺信兼有慰问、赞扬性质，慰问信体现了对个人或组织的关怀与支持，向对方带去了温暖。

### 一、祝贺信与慰问信的类型

1. 祝贺信的类型

祝贺信根据双方行政级别的关系分为对下级的贺信、对上级的贺信、对同级的贺信；根据祝贺原因与时机的不同，可分为祝贺业绩的贺信、祝贺任职的贺信、祝贺开展活动的贺信、祝贺重大节日的贺信，等等。

2. 慰问信的类型

（1）表彰性慰问信。激励性慰问信主要用于对先进工作者，做出突出贡献的集体或个人表示慰问。这一点上和祝贺信有相通之处。区别是慰问信一方面要对他们所做贡献和取得成绩表示肯定、祝贺，另一方面又要鼓励对方戒骄戒躁，继续进步。

（2）受难性慰问信。一方面，向在重大事故、自然灾害中遭受财产损失和承受巨大不幸的人表示同情、安慰，体现了以人为本的理念。另一方面对正面对巨大困难的人们给予鼓励，表示愿与他们并肩作战，鼓舞他们勇敢地战胜困难，改变现状。

（3）节日性慰问信。节日慰问信多是上级单位写给下属，内容是通过节日表达祝贺，同时，以欢度佳节之时对做出贡献的相关人员表示肯定，并希望其日后能再接再厉；还有一类节日性慰问是对于在节假日中放弃个人休假，为了工作依然坚守在岗位上，为集体和国家的事业加班加点旳人表示慰问。

## 二、祝贺信与慰问信的内容要求

1. 祝贺信的内容要求

祝贺信具有加强彼此联系、增强双方交流的功能。所以写祝贺信要充满热情、喜悦，用饱含情感的笔调向对方传递自己由衷的祝福，令对方确实感到温暖，受到鼓舞。切忌冷冰冰的空话、套话，缺少诚意的文字。

一方面，祝贺信的内容要真实，评价对方的成绩和贡献要实事求是、恰到好处，不可故意拔高吹捧，夸大其词，甚至有献媚之态。夸张的言辞并不能表达出真诚的贺意。另一方面，也不可套用模板，一味堆砌溢美之词，发表空洞的议论，打喊口号，这样是达不到表示庆贺的目的。

祝贺信不同于贺词。贺词的篇幅较长，而祝贺信篇幅较短，要求短小精悍。因此写祝贺信的原则是短小而庄重。所用的信封和信纸要经过认真挑选，不可随意对付。正文内容整洁、大方，行文简洁，用词恰当，语言精练，不堆砌华丽辞藻，不空作长篇大论。

2. 慰问信的内容要求

慰问信首先要根据不同的对象选择不同的表达重点。对工作做出过重大贡献的人，要着眼于对方的功绩，称赞其为工作做出的奉献；对于遭遇灾害、事故，身处困难之中的人，要着重表示关怀，对他们的处境表示同情，表明与他们站在一起患难与共的立场，激发他们战胜困难的决心和度过困境的勇气；对于烈军属、伤病员、残疾人员等，则按其不同情况给予安慰和鼓励。

慰问信的基本要求是感情真挚。信的正文要表现出热情、亲切的关怀，语气要诚恳，文字要朴实。缺少感情的慰问会令对方感到没有诚意，达不到慰问效果。信中可以赞颂对方的坚强品质，对其吃苦耐劳的精神表示赞扬。

当对方是病人、伤员或遭受了巨大不幸的人，慰问信中要注意语气不可太悲观，更不能流露出失望的意思，内容上不要过于强调对方的处境不幸。慰问信的目的是带给对方慰藉和勇气，兼具疏导的作用，力求让对方看到慰问信后如同得到了真实探望，感受到由他人陪伴相援的温暖，在一定程度上缓解了痛苦和悲伤，给予重新振作起来力量。

在这种对不幸者表示同情和关怀的慰问信中，不能对不幸事件表现出过多的好奇，有一种“刨根问底”的感觉，令对方感到是揭自己的伤疤。信的重点要放在表示关心理解上，并愿意为对方提供帮助，传递组织的关怀。

慰问信的行文要质朴、真诚，语气要诚恳、真切，切忌模板化、公式化的套语。注意语言中不可流露出抱怨、牢骚、讽刺、指责甚至幸灾乐祸之意。

**三、祝贺信与慰问信的格式要求**

1. 祝贺信的格式

祝贺信的格式与一般书信类似，有标题、称呼、正文、结尾、落款五部分。需要说明的是，根据双方亲疏关系的不同，有些祝贺信的格式可以随意一些，比如信头的称呼可以写的简单一些，不用过于隆重正式。

（1）标题。祝贺信的标题一般有三种形式：直接在正中央写“贺信”二字；“×××致×××的贺信”；“×××致×××的贺信”+庆贺的事由。

（2）称呼。即祝贺的对象，顶格写。

（3）正文。首先简述当前的形势和情况，其次，表达对方取得重大成绩的意义，可分析取得成就的原因。不可写得过于简单空洞，最好有具体的数据和事例支持，不然会显得缺乏诚意。

（4）结尾。结尾处再次表示热烈的祝贺、称赞和殷切的期望。

（5）落款。落款包括署名和日期，写在右下方。

2. 慰问信的格式

慰问信有着统一的基本格式，根据慰问对象的不同，慰问信内容各有特点。

（1）标题。慰问信标题通常有三种形式：文种名称、慰问对象+文种、慰问双方名共同构成。如“×××给春节期间坚守工作岗位的全体职工及家属的慰问信”。

（2）称呼。由慰问对象的名称构成，顶格写。如“×××市人民政府”“×××地区的受灾人民”“×××小学的老师和同学们”。若是慰问个人，应在姓名之后加上“同志”“先生”“女士”，以表亲切与庄重。

（3）正文。正文内容须包括慰问的缘由及慰问事项。表彰性慰问信要用简洁的语言概括性叙述对方的先进事迹和突出贡献，向对方取得的成就表示庆贺，如“欣闻……非常高兴，特表示祝贺致以亲切的慰问”；受灾性慰问信要叙述对方遭遇的困难与不幸，表示同情和关怀，还可对处于困境中的人表达敬佩之情，如“惊闻……深表同情，并致以深切慰问”；节日性慰问要对广大人员传递节日问候，特别是对于节假日里坚守在工作岗位上的职员要致以崇高敬意，表达问候与感谢，如“这种大公无私的精神，值得称赞，值得学习，值得嘉奖！”

（4）结尾。表彰性慰问信的结尾处再次表示共同前进的心愿与决心，如“为……共同努力”；受灾性慰问信的结尾处要表示坚定与受灾群众站在一线共同作战的决心，并对胜利的前景作出展望。如“愿我们携起手来，共同前进，在……斗争中早日取得胜利！”节日性慰问的结尾别忘了对广大人员尤其是坚守在工作岗位的人员表达节日祝贺。

（5）落款。落款要署上发文单位或个人的称呼，并在署名右下方写明成文日期。

## 第四节　撰写感谢信与表扬信的撰写礼仪

感谢信是集体单位或个人对关心、帮助、支持本单位的集体或个人表示由衷感谢的函件；表扬信是向某人或集体的优秀品行表达称颂赞扬之情的一种书信文体，寄出表扬信有期望被表扬者受到表彰、奖励之意。

感谢信广泛用于个人、单位、团体之间，有感谢和表扬的双重意思。作者在日常的工作、生活中，被他人的优秀品行打动，或因其高尚品行而受益时，可用表扬信的形式致信被表扬者所在单位或其上级领导，赞扬其精神，以期使被表扬者受到表彰、奖励。

## 一、感谢信的分类与特点

感谢信根据不同标准可分为多种类型。根据被感谢者的身份可分为写给集体的感谢信和写给个人的感谢信；按邮寄与发表形式可分为公开登载、张贴的感谢信与邮寄到被感谢者手中的感谢信。

感谢信的目的，除了表达对被感谢者的感谢、赞颂之情，以及将其精神发扬光大得到表彰之外，另一层深层用意是弘扬被感谢者身上所体现的高尚道德与可贵品质。

因此，在感谢信的写作过程中，一方面要将对方的高尚品行描述清楚，对方对自己本人或所属单位有帮助，则应把相关人物、事件、时间、地点、原因、经过、结果等详细过程交代明白，便于组织了解和群众学习。

感谢信有如下两个特点。

1. 感情真挚

感谢信为向他人表达感谢之意，在写信时，一定要注意抒发真实情感，才能让受信者体会到感谢之意。

2. 公开感谢和表扬

通常感谢信都是公开的，这样做能够让更多人知道他做的好人好事，让更多人学习他的好品质。

## 二、感谢信的格式要求

感谢信的格式与一般书信的主题格式一致，由标题、称谓、正文、结语、落款五部分构成。

1. 标题

一般有文种、定语+文种两种形式，即直接用“感谢信”三字，或在“感谢信”前面加上修饰语，说明是出于何种原因、何种事件、写给何人的感谢信。如果是写给个人的感谢信，标题有时会省略，不写“感谢信”三字。由于感谢信的目的是表达感激之意，为表示情意真诚，用“感谢信”三字做标题时，通常采用比正文稍大的字号，并居于第一行正中。

2. 称谓

视感谢的对象而定，以对方的个人姓名或所属单位的名称为称呼，第二行顶格写。出于礼貌和敬意，个人姓名之后可加上适当的敬语，如“同志”“先生”“师傅”等，后接冒号。如“尊敬的×××中学校领导、老师们”。有时遇到感谢对象较多，需一一指明时，可以把感谢对象的身份放在正文第一段中间提及。

3. 正文

正文要写清表达感谢的详细原因，对被感谢者的优秀品行进行描述。对方在什么时间，什么地点，由于什么原因，做了怎样的好事或弘扬了哪些精神品质，对自己或单位有何帮助，产生哪些积极影响，如何打动作者本人或其单位。还要鼓励、肯定对方所表现出的好思想、好品德、好作风，以被感谢者为楷模，弘扬高尚的精神品质。最后，表示自己或所在单位以对方为榜样向其学习的态度和决心。

4. 结语

正文结束后另起一行空两格（紧接正文亦可）写上“此致”换行顶格写“敬礼”，表达诚挚敬意。

5. 落款

由署名和日期组成。在信尾右下方署上写信者个人姓名或所属单位名称。署名下面同样位于右下方处写上成信日期。

## 三、表扬信的分类与特点

表扬信写成后可直接寄给受表扬的对象个人，也可寄到表扬对象所属单位，有时也可以寄给报社、电台、电视台等新闻媒体，以求将其事迹发扬光大，既能使被表扬者受到鼓舞，又能教育广大群众。表扬信根据表扬对象、受信者的不同，可分为对内表扬信和公开表扬信。

表扬信的格式与目的均与感谢信有相同之处。区别是，感谢信一般由受到帮助的人或其单位书写并送出，而表扬信的作者未必是受到帮助的人，只需了解事件实情即可。

一方面，表扬信重点要进行表扬，因此语言要有真情实意，真诚地抒发内心感受，对被感谢者的人与事表示肯定，内容切忌空洞，不作烦冗的议论。另一方面，写表扬信更重要的目的还包括宣扬好人好事，赞颂其高贵精神，对其精神进行弘扬，号召社会各界学习向该人该精神学习。因此感谢信要写得具有强烈感召力。让被感谢者从中受到鼓舞和鞭策，其他读信人从中受到感染和教育。

作为对他人的行为、精神表示赞颂的信函，表扬信在内容上具有三大特点。

（1）真实性。表扬的事情必须是发生在现实中的真人真事，不可夸大其词，更不能凭空捏造。对所表扬的人和事迹的描写要注意真实感，所做的评价要真实恰当，令读信的人都能相信文中所写事实，并产生同感，受到被表扬者精神的洗礼。

（2）宣传性。表扬信除了可以寄给个人，还可以寄给所属单位，并在该单位的公共场合张贴，也可通过报刊、电台和电视台等新闻媒体广做宣传，或是在授奖大会等活动上公开宣读。宣扬被表扬者的事迹和精神，可以树立积极良好的榜样，起到广泛教育社会各界人士的作用。

（3）及时性。发现有值得宣扬的好人好事，应迅速了解事件详情，核实无误后，及时发表扬信予以表扬，不应让好人好事被湮没。

### 四、表扬信的格式要求

表扬信和感谢信的格式基本一致，包含标题、称谓、正文、结语和落款五部分。

1. 标题

标题“表扬信”居中放在第一行位置即可。

2. 称谓

开头顶格写上被表扬的个人姓名，或被表扬机关、单位、团体的全称。表扬个人应在称呼后加上“同志”等字样，后接冒号。若是直接在某机关、单位、团体张贴的表扬信，开头称呼中可不必再写受文单位。

3. 正文

其正文另起一行，空两格。表扬信正文通常交代表扬理由，通常以概况性话语讲事迹阐述，多突出事情的本质，少说空话、假话等，在叙述时应适当做评论，赞赏其所作所为，号召更多人学习。在写给本人的表扬信，应适当写“深受感动”等内容。

4. 结语

结尾处要再次突出对被表扬者人物、事迹的赞颂与感动之意，可适当谈些“深受感动”“值得我们大家学习”之类的话。若是寄给机关单位的表扬信，应向对方提出建议，希望对被表扬者的事迹做出宣传，并给予被表扬者适当的奖励。说一些如“同志的优秀品德值得大家学习，希望予以表扬”。正文最后以“此致敬礼”结束。“此致”与“敬礼”分两行，分别空两格与顶格写。

5. 落款

落款署发信单位名称或个人姓名，在下方注明成信日期。

## 第五节　题词与答谢词礼仪

题词，是礼仪类应用文体之一，是为给人、物或事留作纪念而题写的文字。答谢词是指在公众场合受到别人的帮助或招待，表示感谢的一种讲话文体，通常是宾客对主人表示感谢。

题词是一种礼仪文书，同时也是一种交际方式和公务礼仪活动方式。作为公务人员，特别是领导人，常在某些场合为留纪念，题写简短精练的文字。答谢词则是在公共礼仪场合，客人或受赠人对主人热情接待与关照的真诚反馈，有制造气氛和交流感情的作用。

## 一、题词的分类

题词的类型多种多样，根据题词人身份、题词对象、题词载体的不同，可分为很多类别，但一般都是为了纪念、号召、勉励而题写，特点是简短。就公务活动中的题词而言，题词者主要是领导人，题词对象可以是个人、某部门或某事物。

1. 对人物的题词

题词对象一般是先进人物、先辈英烈，如毛泽东对雷锋的题词“向雷锋同志学习”，李鹏对孔繁森的题词“学习孔繁森同志热爱人民无私奉献的精神”。

2. 对某部门或某项事业的题词

对象通常是政府的重要方针、战线、事业、项目、工程，如毛泽东对体育事业的题词“发展体育运动，增强人民体质”。

3. 对物品的题词

对象一般是建筑物、出版物，典型例子是毛泽东对人民英雄纪念碑的题词“人民英雄永垂不朽”。

根据题词的载体分类，可分为簿题、幛题、匾题和图题。在题词簿上题的词叫作簿题，主要作用是留为纪念；用于庆贺某事或吊唁某人的长条幛幅上的题词，称作幛题，表示庆贺或哀悼之情；匾题是将题词印制成匾额，悬挂起来；图题是在照片上的题词。

## 二、题词的常用方法

如何才能精炼得当地题词呢？首先需要题词者的学识积累。题词作为一种礼仪文书，其鲜明特色能反映出题词人的学识修养。由于题词多用毛笔，因此题词人还需有一定程度的软笔书法造诣。此外，题词还要掌握基本方法，即撰写题词内容的方法。

常见的题词方法有直接表述、引用名言两种。

1. 直接表述

直接表述即直接进行评价或表达鼓励、期望，等等。如邓小平于1984年1月26日为深圳经济特区的题词：“深圳经济特区的发展和经验证明，我们建立经济特区的政策是正确的。”

2. 引用名言

引用名言即将过去名言警句移动到当下情景，有援古人之口鼓励今人的意味，抒发勉励、劝诫。如郭沫若为高考落榜青年的题词：“有志者，事竟成，破釜沉舟，百二河山终属楚；苦心人，天不负，卧薪尝胆，三千越甲可吞吴。”这是借古时蒲松龄科举落榜后勉励自身的话勉励当代的落榜学子。

### 三、题词的格式与注意事项

题词的格式比较简单，一般包括两部分：正文和落款。正文部分有横式或竖式两种书写格式，视情况而定；落款要署上题词人的姓名和题词日期。有时还要特别加题题词对象，或附明因何事何意义而题词。

题词时要注意的问题包括以下方面。首先是准确贴切。题词一定要应情应景，选择的词句要深邃、精粹，既要简短，又要准确表达出含义。既要彰显学识，又要浅显易懂。在词义准确方面，关键是要对题词对象的实际情况有准确的认识和理解。给人的题词，要抓住对方的职业、重要事迹与高尚品德；给事业的题词，要了解其重要意义，尽可能赋予其时代特征，免得流于空泛；对物品的题词，要了解该物所蕴含的历史价值、时代意义、精神象征，等等。

其次要注意慎重得体。题词具有很强的评价与勉励之意，是一件庄重、严肃的礼仪活动，因此要慎重，不能不顾场合、对象随意题词。题词有时是某领导或单位应他人之邀而题，对于题词邀请，要防止有人刻意借题词夸大宣传，光耀门楣，谋取虚名，对于这类题词要尽量婉拒。

此外，需特别点明，题词由于附加了书法价值，因此具有一定艺术性，但应与书法家、艺术家的题字有所区别。题字的主人多为具有专业艺术造诣的书法家和艺术家，题字以艺术性为主。题词更强调内容，具有实用性，是对题词对象的评价、鼓励等。题词人多为领导或名人，题词以实用性为主，但也不能与其艺术性割裂开来。为此，题词人应当对自己的书法和学识水平有一定的认识，若明知书法造诣不及，则不可强为之。

## 四、答谢词的分类与特点

答谢词广泛应用于各种场合，根据答谢原因可分为多种类型。

1. 款待答谢

即宾客在宴会上对受到的热情接待表示感谢。

2. 欢送答谢

在欢迎、欢送仪式上，受到欢迎、欢送的一方一般要致答谢词。

3. 答谢帮助

接受对方的帮助或馈赠后，致辞表达感激之情。一般是在捐赠仪式上，由受捐赠一方代表致答谢词。

4. 道贺答谢

单位有某些庆祝活动或重要仪式，邀请了其他机构单位来参加，为表盛情，有时需致答谢词，对其受邀而来表示感谢。

5. 收受答谢

用于个人、单位、团体在领奖、授衔仪式上的致词，以表感激之意。

答谢词的特点包括：首先篇幅不能太长，行文简洁、生动、得体。由于答谢词经常是在主人致辞后的应答，因此部分内容要和之前的致辞相照应，这也是为了表示对主人的尊重。其次答谢词要真诚地表达出感谢之意，热情洋溢，感情真挚，同时还要有礼貌，在公共礼仪场合，必要的客套话也是难免的，如“感谢”“致敬”之类的话。

答谢词还有一个要求是尊重对方的习惯，尤其是当地的民俗风情、宗教信仰等，不能讲对方忌讳的内容。

## 五、答谢词的格式要求

答谢词虽然是讲话文体，但主体格式与各种书面应用文体基本一致，分为标题、称谓、正文、结语、落款五部分。

1. 标题

在第一行居中位置，直接写上“答谢词”，或加上事由做修饰，如“×××大会答谢词”。

2. 称谓

即答谢的对象。需注意，要将所有答谢对象都包含进去。若答谢对象较多，写称谓时突出主要人物，然后用泛称依次列出其他被答谢人。

3. 正文

正文部分需阐述答谢的理由，如迎送答谢写出受到热情招待的情况，高度强调和评价对方所做的一切安排和帮助，对主人的盛情表示由衷的感谢，此外，答谢词具有加强工作沟通的用处，因此一般在表达感谢之后，还要阐明今后加强合作交流的意愿，用具体事例叙述双方之间的交往和友谊，表明自己对巩固和发展双方友谊的愿望与信心。最后，别忘了对双方今后的发展和情谊长存抒发美好祝愿。

4. 结语

结语处再次表示感谢、祝愿。

5. 落款

署上致词人姓名及致辞日期，有时也可以省略。

# 第四章　领导干部在公务活动中的礼仪

## 第一节　调研活动礼仪

调研，是调查研究的简称。公务员和领导干部常需深入基层调查研究。这是党政机关人员做好本职工作必不可少的重要环节，是公务人员的职责所在，体现了党“密切联系群众”“从群众中来，到群众中去”的群众路线基本要求。

调研是领导干部获取信息的重要途径，也是把握民情的基本手段。因此，为提高党政机关领导干部的工作水平，加强整个干部队伍的作风建设，重视和提倡调查研究工作是十分必要的。领导干部要树立对调研的正确认识，遵守调研的礼仪规范。

### 一、调研的准备工作

领导干部想要进行调研，必须提前做好各种准备工作。首先是思想上的准备，也就是树立对调研的正确认识，明确调研的目的。毛泽东说过：“没有调查，没有发言权。”领导干部在工作中不能与群众现实脱节，必须将对工作的热情与求真务实的精神结合起来，才能做出正确决策。

1. 调研的目的

（1）以资决策。政府机关为人民群众服务，为了提高行政水平，更好地为群众服务，就要和人民群众互动，同人民群众交流，了解他们的真实想法，以便制订或修改政策，满足人民的需要。

（2）了解民情。了解民情和做出正确决策，二者是密不可分的。一个恪守尽职的领导干部，就要知道群众想什么、群众需要什么，关心群众疾苦。调研要亲子走到群众中间，亲身感受群众的生活，就是为了从客观实际中真实地观察民情，践行党的群众路线。

2. 调研需要做的准备

（1）组织准备。调研大多数时候是由多人组成调研小组，个别情况下是由一个人单独进行调研。调研之前要根据调研课题的大小、难易等实际情况确定合适的人数，组织相关人员。选择调研人员时，优先考虑通晓课题、业务娴熟、经验丰富的同志。

（2）材料准备。在调研之前，收集好与课题相关的政策文件、法律法规、业务知识和数据资料等。

（3）提纲准备。提纲即是对调研流程做出的规划，在调研工作中起指导作用。调研提纲的内容应包括调研目的、调研对象、调研方法、调研的总体思路等。

（4）计划准备。做好对调研工作细节的安排，如调研要走访哪些单位，考察哪些区域，调研过程需经过多长时间，调研的交通路线与方式，采用的问卷和表格等。有的调研还需事先与被调研单位做好沟通。

## 二、调研的程序步骤

为了达到正确认识客观事物的目的，调研活动必须严格遵守科学的程序和步骤。

1. 拟定计划

调研通常要有一个计划，尤其是范围较大的调研活动。计划要翔实，不仅包括调查项目及范围、区域、对象，调查的方式、方法、步骤等，还要安排好具体的时间、行程，以及人员分工。每个人负责哪些工作，如何相互配合，都需设计得具体而详细。有些调研需采取问卷调查的形式，则设计问卷、调查表也是领导干部需提前做好的准备工作。

2. 组织培训

领导干部要努力学习和调研课题有关的政策文件和理论知识，了解调查对象的情况，收集所需资料。有些规模较大的调查，领导干部不仅要自己学习，还应组织人员培训，统一认识，统一步骤，统一调查口径。

3. 实施调查

按照提纲或调查计划，组织调查，收集数据资料。调查过程中遇到意外或干扰，采取适当的处理，灵活应对。

4. 分析结果

对调查收集到的资料进行鉴别、筛选、归类、分析。鉴别和筛选主要是针对材料的真实性、重要性，注意材料的来源、提供材料者的利害关系，进行多方比较。归类和分析的过程中注意统一标注，包括时间、地域、计量单位和称呼等。

5. 写出报告

调研的最终步骤是要写出调研报告，有些要写成专题报告。

### 三、领导干部在调研中的态度

坚持正确的态度是调研礼仪规范的重要内容。领导干部要做好调研工作，要秉持以下几项态度。

1. 实事求是

坚持群众路线，就必须进行调查研究。调查研究，应遵守实事求是。实事求是为领导干部在工作中必须遵守的基本原则。领导干部在调研中要坚持实事求是，尊重事实，摒弃臆断，不抱任何偏见，不带条条框框。调查研究是一项严肃认真的工作，不能走过场，敷衍群众。更不能为了迎合上级隐瞒实情，报喜不报忧，扭曲事实曲意逢迎。

2. 近源亲受

近源亲受，即直接接触调查对象。具体的调研方法有很多，各具特色，但无论采用怎样的调查方法，领导干部的近源亲受都是不能缺少的。

调研可分为间接式、直接式和参与式三种。间接式调研只能从间接得来的材料中获得结果。直接式和参与式调研中，应提倡领导干部的亲身参与。亲身参与能更加真切地了解实情，获得第一手材料。

3. 谦虚谨慎

在调研过程中，领导干部应该抱着学习的态度，态度诚恳，谦虚谨慎。调研过程是调查人员充实自身，积累工作经验的机会。放下架子，拿出自己的亲和力，这样才能获得调查对象的积极配合，得到理想的调研成果。

4. 持之以恒

对待科学严谨的调研工作，调查人员需要有充分的耐心和踏实的作风。不能漠然对待，马虎行事。兴起之时，天天深入基层。兴趣一去，就对调研不闻不问。这种忽冷忽热的态度也是不可取的。

调研的目的不是吸人眼球，制造轰动，不能只在上级有号召时大兴调研之风，要在日常工作中把这一作风坚持下去。调研是党的群众路线的落实，是每个领导干部要坚持的工作方法，应持之以恒，形成风气。

## 四、调研的礼仪规范要求

调研想取得成效，除了正确的调研方法，同样离不开礼仪规范的要求。

1. 尊重调查个体

调研中经常会采用个别调查法，指通过直接交谈或问答等形式对单独个人进行调查。这种方法的好处是针对性强，调查人员与受访者之间有机会进行充分的互动能获得较深层的信息，而且这种方法适用于各个层次的调查对象。

在运用这一调查方法时，必须尊重调查对象。尊重对方的个人意愿，不可强人所难。要以平等的姿态相待，不可居高临下，盛气凌人。用诚意让对方自愿配合调查，从而获得真实可靠的调查数据，若是套问、诱问，甚至威胁利诱，那就是存心作假。

2. 集思广益

调查者可多渠道获取资料，将多人看法相互比较、印证，获得最公正客观的结果。调研不可偏听偏信。兼听则明，偏听则暗。可采用集体座谈法，即召集多名调查对象举行座谈会，由调查者提出课题，主持会议，引导大家畅所欲言。

采用座谈法进行调研时，领导干部的一个重要任务是打消调查对象的顾虑。集体调研的过程中，调查对象顾忌人多口杂，可能会人云亦云。这时领导干部要给与会者打一剂强心针，让他们抛弃顾虑，直言不讳。此外，领导干部要保证出席者知情，有代表性，才能获得可靠的结果。

## 第二节　参观活动礼仪

公务参观，是指因工作需要而对特定的项目进行实地观察。对领导干部而言，因工作需要或受单位安排进行参观，既是工作要求，也是学习的机会。领导干部应对其给予重视，不可将其视作无谓的休闲娱乐。

领导干部进行的参观，工作需要摆在第一位。特别是受邀或国家安排进行的参观，有着开阔眼界、增强交流的任务在其中，亦是执行公事。因此，无论是个人参观还是集体参观，领导干部都要注意将相关礼仪规范做到位。

### 一、参观的准备工作

依照参观的礼仪，正式的公务参观，实际上等同于公务访问。因此，在参观之前，领导干部有必要进行充分准备，除了参观过程的准备，还有相关礼仪的准备。

想要把参观作为任务，达到预期目标，就少不了要在参观前做好充分准备。必要时，还应制订详细的参观计划。参观计划的主要内容大致包括：一是参观项目；二是参观人数；三是负责人员；四是参观时间；五是交通方式；六是饮食住宿；七是安全保卫；八是经费预算。除此之外，应重点在以下几方面做足准备工作。

1. 了解参观项目

在参观之前应对要参观的项目有初步了解，以便在实地参观时抓大放小，抓住主要问题、主要矛盾。至少应当提前了解参观项目这几方面的内容：项目背景、现状与发展前途；项目的主要特色；项目的成就与不足；社会和群众对此项目的反映。适当了解这些问题，既能避免在参观时提出外行、令人见笑的问题，也能避免参观负责人随意敷衍，欺上瞒下。

如果是去国外参观，还应设法了解该项目在当地，以及国内外的地位和反响。此外，要对随行人员进行外事纪律教育，组织参观者进行培训，学习项目所在地与所在国家的政治、经济、文化、社会、与我国外交关系等基本常识。

2. 明确人员分工

若参观人数较多，有必要在参观之前对全体人员进行明确分工，使参观过程井然有序，流程顺利。领队、接洽、应酬、交通、伙食、安全等各方面的具体工作都要落实到位。人数较多时还可能有分组，安排好每组的路线、领队和带队人。

另外，若参观带有考察性质，具有明确的调研目标，还应提前分配好拍照、记录、录音、提问等任务的具体负责人。这样，参观时所有人各司其职，完成各自的调查工作，参观之后进行汇总，效率高，掌握的情况更全面。

3. 做好礼仪准备

在与东道主接洽的过程中，为了避免失礼于人，要提前做好相关礼仪培训，交代每个参观人员的礼仪要求。这些要求主要包括以下几个方面。

（1）衣着要求。衣着是素质礼仪最直观的体现。参观时的着装要得体，整洁、干净，方便行动，还要兼顾参观的场合和项目。主要是照顾和东道主之间的关系，并考虑在参观场合会造成的影响。例如，参观学校、机关单位时，应着正装以表庄重；参观风景名胜时，宜穿着便装，不引起其他游客行人的过度注意。

（2）携带用具要求。通常要在参观之前预备好参观时需要用到的工具。如做记录的本子、笔、相机、录音笔。纸笔之类的记录工具应当预备两份，保证够用。参观过程中尽量不向东道主借纸、笔等物，避免琐事麻烦东道主，给人留下有失礼数的形象。

## 二、领导干部在参观时的态度

参观过程中要端正参观态度，不仅要集中精力，专心致志，还应尊重主人，遵守秩序，服从集体，具体包括以下三方面要求。

1. 专心致志

参观是为了开展工作，应该拿出工作时的认真严肃态度。一定要把注意力集中在参观项目上，尤其关注参观计划中需特别学习的地方，不可随意而为，主次不分，将公务参观弄成了游览。要把工作做到位，需做到以下四点“认真”。

（1）认真看。要对参观项目进行全面细致的观察，不应用跳跃式的观察法，要抓准与人交流、提问的时机，不可因闲聊而延误了参观，本末倒置。

（2）认真听。公务参观中，东道主一般会安排人员对参观者进行专业的讲解。讲解内容主要包括：项目的概括性介绍、参观时所见具体事项的具体性介绍，以及同时为参观者提问所进行的答疑性介绍。在对方介绍时要专心致志地听，不可走神，也不可随意打断，这既是为了工作，也是表示对东道主的尊重。

（3）认真问。在参观中遇到不明白的事项可以向东道主提出疑问，为了实现公务参观的学习目的，应有准备、有计划地提问，以平等谦虚的姿态进行交流。注意提问要切中要点，不要没话找话，提问时应注意礼貌用语。

（4）认真记。值得注意的是，要在东道主允许的前提下进行记录，这是基本的尊重。参观人员应尽一切可能获得参观项目的完整性，如利用丰富的资料，记录、采访、录音、拍照、摄像等方式。当然，前提是这些形式都得到了东道主的认可。获得的资料越多样、越翔实，越有利于参观人员对本活动的学习与分析。

2. 尊重主人

尊重主人是公务参观活动中最重要的礼仪要求。一般来说，东道主都会热情地招待参观者。参观者也应热情回馈对方。需要注意的是热情和好奇都应把握分寸和时机，例如，东道主一方介绍项目时，应专心倾听，等对方讲完话后，再发问；别人解答了你的疑惑，应诚挚地称赞对方；看到不满意的地方，不要当面表露出来，也不在东道主面前夸耀自己。总之，在和东道主的接洽过程中，体现着参观礼仪的方方面面。

3. 服从集体

参观人员在跟随集体进行参观活动时，必须注意个人服从集体，遵守集体的纪律和秩序。在整个参观过程中都要服从命令，听从指挥，不得擅作主张。参观人员不得随意代表自己所在单位对参观项目擅自进行评价，也不可以个人理由向东道主提出额外的要求。

4. 遵从参观的有关规定

参观过程中，东道主一方会有一些具体规定。参观的领导干部要认真遵从对方的要求，领导干部能否这样做，不仅反映出自身的礼仪素质，而且也反映了自己对东道主的重视程度。一般而言，东道主一方的规定主要和以下几方面有关。

5. 时间规定

每一个参观项目都有具体的起始时间和结束时间，超过规定时间，东道主一般不予接待。不能因自身行程影响了与东道主一方商定的时间安排。

6. 线路规定

东道主一般会给参观者安排好参观的路线，一方面是为保障参观者的人身安全，另一方面也是防止参观者乱闯乱看，进入不公开区域。参观者应理解并尊重东道主一方的要求。

7. 内容规定

不同单位、不同级别的参观者，往往会遇到不同的接待方式。

8. 物品规定

由于某些参观场合的安全、卫生要求，东道主会限制参观者进入某些区域，或携带某些物品进出，如食品、饮料、易燃品等，有些参观项目禁止拍照和摄像。

9. 传播规定

某些涉及专利、机密的参观项目，一般对参观者有保密要求。领导干部要自觉遵守规定，并提前嘱托每一位参观人员，不得随意向个人或媒体透露相关信息。

## 第三节　慰问活动礼仪

慰问活动是政府机关组织有关人员进行安抚问候的活动，一般是对遭受自然灾害、遇到个人不幸或困难的群众进行慰问，或是对身处工作第一线的工作者付出的辛劳进行问候。慰问活动是一种常见的公务礼仪形式。

政府机关开展慰问活动，可以履行道德责任，给予人同情、理解和鼓励，体现扶危帮困的精神，落实党的以人为本的治国理念，向全社会弘扬团结互助的精神。领导干部组织参与慰问活动时，一定要熟悉慰问的类型、方式和基本礼仪。

### 一、慰问活动的基本类型

慰问活动是公务活动的一种，领导干部要了解慰问的组织时机和组织形式，就需对其基本类型有所了解。慰问活动主要有以下几种类型。

1. 伤病慰问

当单位的领导、员工遭遇伤病时，应组织慰问活动以示关怀。在国际交往中，当一国的元首或重要领导人患病、负伤时，其他友好国家通常会致电慰问，并派驻外使节前去探望。

2. 灾情慰问

当某地区发生重大灾情或重大事故时，政府机关应组织专人队伍前往当地进行慰问。需要之时，还可发动民众捐赠物资，或由地区政府、单位捐赠物资救灾，以保证受灾人员的正常生活。在发生重大自然灾害，或重大伤亡事故时，国家之间通常要发电慰问，或派当地驻外使节代表本国政府和人民表示慰问。

3. 节日慰问

每逢重大节日，很多岗位上都有坚持工作不能休假的人，如驻地军队、铁路交通工作人员、公安警察、环卫工人等。政府机关常对其进行慰问，这就是节日慰问。如春节时慰问不能离开岗位的 “八一”建军节前后慰问部队战士。

4. 犒劳慰问

犒劳慰问是指有关领导对参与一些重大建设项目、重大活动的人员进行慰问，对他们付出的辛劳表示问候。如慰问参加文艺汇演排练的演出人员、参与重大工程项目建设的工人等。

5. 个别慰问

当单位的领导、员工发生不幸、遭遇困难时，如亲人患病、逝世，单位应组织适当的慰问活动，对其表示安抚、同情，并给予必要的帮助。

## 二、慰问活动的基本方式

根据慰问活动的不同形式，应选择适当的慰问方式，才能不失礼仪。常见的慰问方式有以下几种。

1. 探视慰问

政府机关领导亲临现场进行慰问，或登门拜访慰问对象，对其进行安抚和问候。这是使用最多的一种慰问方式，在灾情慰问中，政府工作人员会到达现场对在灾情、事故中遭受不幸的人进行慰问。单位同事遭遇不幸时，慰问者一般也会登门造访，与慰问对象进行面对面探视、交谈。

2. 电话慰问

通常在地域相隔较远的情况下采用。如他国领导人患病受伤或不幸逝世，我国领导人常通过电话慰问或表示哀悼。电话慰问是一种快捷、直接的慰问形式。电话慰问应持诚恳态度、措辞恰当，言简意赅，道出慰问的情意即可。

3. 书面慰问

包括通过书信、函件、电子邮件等形式进行慰问，通常用于慰问双方身处遥远的异地、异国。书面慰问对内容和格式是有规范要求，格式上须符合规范，以表礼貌、隆重。行文要言辞恳切，情意真实。书面慰问的内容可能比电话慰问稍长，但还是要本着简洁明了的公文写作原则。

4. 礼品慰问

顾名思义，就是向慰问对象赠送慰问品、慰问金。常用的慰问品主要有生活必需品、水果、鲜花、锦旗等。慰问品的选择是有讲究的，对于不同的慰问类型和慰问对象，应注意选择合适得体的慰问品。如慰问受灾群众时，宜赠送生活必需品，如食品、衣物；慰问先进工作者和道德模范，可赠送锦旗；到医院慰问病人，选择赠送鲜花、水果等。

### 三、慰问活动的基本要求

慰问活动的本质是向慰问对象送去关怀。政府机关和领导干部无论进行何种类型的慰问，都要以慰问对象为中心，深切关注慰问对象，表达诚挚的关怀，付出真情实意，这是慰问活动礼仪中最重要的一点。

领导干部想令慰问对象感受到真切的关怀之意，需注意以下几点要求。

1. 表现出真心实意

想让慰问对象感受到温暖，首先要同情和体谅对方，就应设身处地体会对方的不幸，善解人意地给予安抚。当你能和慰问对象感同身受，才能让对方和你产生精神上的共鸣，感受到你对他真挚的慰问。慰问对象主要是对其精神上的鼓励和支持。这里要提醒一点，慰问是要让对方振作起来。因此慰问的方式和言辞应该是积极的，重在鼓励，而非指责对方的过错，强化对方的遗憾和悲痛，更不可对其进行冷嘲热讽。语言上要注意，不要出现“要是没发生这事儿该多好”“我早说可能会出事”之类的话语。

2. 给予力所能及的帮助

对于慰问者，给予力所能及的帮助，是让他们走出困境最好的方法之一。如为受灾群众筹集物资，为受伤生病的同事处理公务、赠送生活必需品等。不仅能为对方解决实际困难，还让慰问者贴切感受到温暖，深受鼓舞。

3. 努力使慰问对象宽心

遭遇不幸的人，内心的承受的痛苦远远超过身体上的痛苦，领导干部进行慰问时，一定要对其进行心理疏导，让他们走出心魔，以积极乐观的心态对待生活。领导干部应动之以情，晓之以理，既要有劝慰之意，又要照顾对方的心情，不可采用指责、奚落、训斥、埋怨的口吻。在讲述事实时，尽量报喜不报忧，避讳令对方感到伤心的事实，以免增加其忧患与不安。更不要好奇心过度，对慰问对象的不幸处境刨根问底、百般打听，以免刺激到对方。

### 四、慰问行为的注意事项

慰问活动中，遭遇不幸的人往往精神比较脆弱，心理较为敏感。有时慰问者的好意也会对其造成伤害，雪上加霜。因此，领导干部在进行慰问时，要想收到好的效果，还需要把握好慰问的分寸，避免一些不适当的做法。否则就会事与愿违，产生严重的副作用。慰问活动中需要避免的不当做法有以下几种。

1. 避免触犯禁忌

在慰问时触犯对方的个人禁忌，不仅可能令对方心情不快，起到反效果，也是对人格的不尊重。比如，在慰问病人时，应当有意识地避免谈及死亡。

2. 避免愁上加愁

慰问他人时，若适度地给予同情和爱护，自然能是对方感到温暖。但过分地可怜对方，反而可能加重对方的忧愁，甚至引发慰问对象的抵触心理。有时当人遭遇不幸时是希望能够尽快忘却不幸，不希望被他人知晓，更不喜欢他人在自己面前反复提及。例如，当对方遇到家人去世的不幸时，应避免提及令人惋惜之事，若过分表示哀痛，会让对方觉得是在强调自己的“倒霉”，反而令对方产生反感。

3. 避免揭人疮疤

对于被慰问者来说，更重要的是恢复信心，走出低谷。所以在进行慰问时，多提及好事，强调对方的长处，不应当去揭慰问对象的疮疤，否则只会使其丧失自信，难于自拔，陷入更深的低谷。

## 第四节　信访活动礼仪

信访是指人民群众通过访问、电话、写信等渠道向各级政府机关、人民团体和企事业单位及其领导人反映意愿的活动。信访活动礼仪，即基层公务员处理人民群众来信来访时应当遵守的礼仪规范。

信访工作是政府体察民情、维护国家稳定的重要途径。基层公务员在处理群众信访时，要遵守一定的原则、制度和礼仪。做好信访工作，有利于政府机关同人民群众保持密切联系，知人民之疾苦，思人民之所思，将党全心全意为人民服务的根本宗旨落到实处，有利于提高政府机关及相关领导干部的素质和形象。

## 一、信访工作的基本原则

信访工作的性质与重要功能决定了无论是电话、来信、来访，领导干部都必须遵循一定的原则，保证信访工作的顺利进行。信访工作的基本原则本着实事求是、分级负责、就地解决等。

1. 实事求是

信访工作最重要的一条基本原则就是实事求是。实事求是即以事实为依据，以党的政策和国家法律为准绳，深入调查，掌握真相，了解民意，体察民情，落实解决人民群众反映的问题。

以事实为依据，就是要求信访工作者弄清事实真相，以真相为事件定性，这是依照政策、法律正确处理问题的基础；以党的政策和国家法律为准绳，就是要求信访工作者坚决依照政策法律解决群众反映的问题，既要遵照为人民服务的精神，又要坚持原则，不偏不倚，绝不违反党纪国法。要依法办事，客观公正，不能凭个人感情偏袒任何涉事人员或单位，不护短，不欺软怕硬。

2. 分级负责

分级负责，指根据群众反映问题涉及的责任单位，按地区、系统分工负责处理。按照组织系统分级负责，一般中央、省以上的以转办为主，地市级转办自办相结合，区县多办少转，基层则只办不转。按照反映内容所涉及业务，按政府工作业务系统归有关部门处理。

3. 就地解决

信访问题大多发生在县以下的基层。要以基层作为处理信访工作的重点，基层公务员处理信访事务要有高度的责任感，尽心尽力为群众办事。要重视信访人反映的问题，进行登记、立档，定期检查核档，及时进行处理，尽快解决问题。要把解决问题落实到基层，减少信访人的往返奔波，避免越级上访。

4. 不得打击报复

信访工作是沟通政府机关与人民群众的重要纽带，领导干部要依照法律赋予的权力秉公办事。处理信访工作不得带有私怨、私欲，任何组织和个人不得打击报复信访人。违反规定者要承担相应的法律责任。

## 二、接待群众来访的注意事项

领导干部在接待来访者时，一定要符合政务礼仪要求，尊重、关怀信访人，做到礼貌周全、亲切热情。为做好信访接待，领导干部要注意以下事项。

1. 设立专门的接待地点

设有专门的信访接待处，群众才不至于上访无门。通常，各级国家行政机关都设置有专门的办公地点接待信访群众，并将信访办的机构名、作息时间制成醒目的标志悬于门口。在机关大门入口处也张贴同样标志以指示位置和路线，方便来访者寻找。

在信访接待室里，要张贴信访人注意事项，营造一种严肃认真的氛围。接待室的环境要整洁、卫生，体现政府对信访工作的重视，维护政府形象，令来访者产生信任感。

2. 安排专门的接待人员

领导干部要安排专门人员负责信访接待工作，不能令来访者见不到有。安排接待人员要遵从以下方针：一是属于具体部门的业务问题，应安排相关业务部门的专门人员负责接待处理；二是属于在特定时期需集中接待处理的业务问题，应安排信访部门人员专门处理；三是属于综合性问题，应由信访部门工作人员负责处理；四是对于集体来访者，一般应由负责同志出面处理，或由有关业务部门指派人员前来处理。

接待人员要明确肩上的责任，重视信访工作，以端正的态度、饱满的热情接待来访群众，不可敷衍了事，更不可居高临下、盛气凌人、冷眼相对。处理信访事务的工作人员代表着政府形象，具有维护政府荣誉与公信力的重要职责，要以认真、严肃、热情、耐心的态度接待来访人，处理信访事务。

3. 制定专门的接待程序

来访者到来后，接待人员要起身相迎，面带微笑，主动与之握手以表尊重，并致以亲切问候。接下来请对方就座，以“同志”等尊称称呼对方，不得指名道姓。然后，亲切询问对方有何问题或困难要反映，倾听过程中要耐心，如来访人有疑惑不清的问题要及时予以解答。对于来访者的接待方式，一般以单独交谈为主，交谈全程应保持认真、耐心、礼貌。

## 三、接听监督电话的注意事项

监督电话是为了方便群众反映问题而设立的。处理好监督电话的接听也是信访接待工作的重要环节。接听监督电话要注意的礼仪有以下几个方面。

1. 建立信誉

设立监督电话的单位和部门，要通过多种形式进行广泛宣传，让人民群众知道监督电话的存在及其用途，保证人民群众得知有效的号码，便于群众充分利用这条途径反映问题。健全监督电话管理制度，使群众反映的问题能够得到及时、妥善的处理。

2. 文明用语

接听监督电话时要将礼貌的态度传达给电话的另一端。最重要的一点就是注意文明用语。接通电话后，首先要自报单位：“您好，这里是×××（单位）的公开监督电话。”然后亲切地问候对方有何问题要反映。交谈过程中若有听不清楚的情况，要客气地提示对方尽量讲清楚，等对方陈述完毕，应表示感谢，并等待对方先挂断电话。

3. 认真负责

对于来电话人反映的问题，如果能及时回复解决的，应马上给予回复，不能及时解决的，应做好电话记录，以此表示会高度重视并及时处理反映的问题，同时应向其表示歉意，同时告知来电话人再次联系的时间和方式。

## 四、处理群众来信的注意事项

对于来信上访同样要给予充分重视。人民群众的来信通常称为办信。处理办信要及时查阅，尽快答复处理，并遵循以下程序进行。

1. 当日拆封

通常情况下，要保证当日来信当日拆封。拆信时要加盖日戳，或注明日期，并进行编号，以便日后查阅。

2. 抓住重点。

领导干部阅读来信时既要详细，不落下每一句话，又要抓住重点，弄明白来信人要反映的问题，这是处理问题的基本前提。阅读过程中即使遇到文字表述不清、语句啰唆的情况，也要不厌其烦地反复阅读。

3. 认真登记

处理办信之时，要严格依照登记制度对来信进行登记，登记的内容要参照有关规定，视来信的具体情况而定。

4. 及时报转

报转，包括报和转两个环节。报，是指上报领导阅批。要保证不滥报、不漏报；转，是指将来信转给有关部门处理，要转得及时、准确。对揭发、控告信，应转交被控告对象上级机关负责人，未经批准，一律不得转交被控告的对象。

5. 明确答复

对于所有来信，都要在规定时间内答复来信者，若来信已经转报，也要及时告知来信者，不可长期悬置不予处理。

6. 整理归档

所有经办的人民群众来信，在结案后要归档整理，以备查考。要严格为来信者保密，不得任意公开来信者姓名、住址、联系方式等个人信息，以及来信内容。

## 第五节 谈判与签字的礼仪

所谓谈判，即相关单位为各自利益，进行有组织、有准备的探讨，经过讨论，最终达成一致决定的会谈。谈判对于基层公务员来讲是必不可少的，而谈判之后，随之而来的是签订协议、合同。通常缔结条约都要举行签字仪式，签字仪式很短暂，但它是合作成功的关键部分。

谈判并非是人和人之间简单的交谈，其目标明确。谈判的原则应是求同存异，互敬互谅。谈判和签字虽是一种利益交涉，但作为一种公务活动，在任何谈判中，礼仪都是被高度重视的。在谈判中应以礼待人，不仅体现自身素养，还能让你了解对手的情感。

### 一、谈判活动的分类

谈判的礼仪与其谈判场所的选择、座次的安排有重要关系，而谈判的座次安排又与谈判的类型密不可分。因此，了解谈判的礼仪，首先应知道谈判有哪些分类。如按照谈判地点不同来进行划分，谈判可分为主座谈判、客座谈判、主客座谈判、第三地谈判四大类。

1. 主座谈判

主座谈判是指在东道主单位所在地举行的谈判，这样的谈判，通常东道主更占主动性。所以，东道主应多尽地主之谊。

2. 客座谈判

客座谈判是指在谈判对象单位所在地举行的谈判。

3. 主客座谈判

主客座谈判是指在谈判双方单位所在地所轮流举行的谈判。这样的谈判体现了公平、公正。

4. 第三地谈判

第三地谈判是指谈判不在谈判双方的任何所在地，而是在第三地点进行。这样的谈判也彰显了公平。

## 二、谈判活动的座次安排

座次安排是谈判互动礼仪的重要组成部分。举行正式谈判时，有关各方在谈判现场具体就座的位次，要求是非常严格的，体现了很强的礼仪性。从总体上讲，排列正式谈判的座次，可分为双边谈判与多边谈判两种情况，这两种情况又可各自细分为多种座次安排方式。

1. 双边谈判

所谓双边谈判，由两方面人所进行的谈判。双边谈判的座次一般有两种形式可供选择。

（1）横桌式。指谈判桌在谈判室内横放，客方人员面门而坐，主方人员背门而坐。其次，当双方主谈者坐好后，其他各方人士可根据身份高低，各自先右后左、自高而低地分别在己方一侧就座。双方主谈者的右侧之位，在国内谈判中可坐副手，而在涉外谈判中则应由译员就座。

（2）竖桌式。指谈判桌在谈判室内竖放。排位时以进门时的方向为准，右侧由客方人士就座，左侧则由主方人士就座。在其他方面，大致和横桌式相同。

2. 多边谈判

多边谈判，在此是指由三方或三方以上进行的谈判。多边谈判的座次排列，大致有两种形式。

（1）自由式。即各方谈判并没有正式安排座次，在谈判时，可以自由选择座位。

（2）主席式。指在谈判室内面向正门设有一个主席位，供各方代表发言。其他参加谈判者，一律面朝主席位，背对门。各方代表发言需离座到主席位，发言完毕后，回到自己的座位。

## 三、谈判活动的注意事项

举行正式谈判时，尤其是主谈者的表现，将直接决定谈判的整个气氛。通常，影响谈判者临场表现的因素有讲究打扮、保持风度、礼待对手三方面。

1. 讲究打扮

参加谈判时，基层公务员一定要慎重选择自己的装扮。这不仅是对对手的尊重，更是对本次谈判的重视。首先是仪表妆容，谈判前，男士应做到剃须、端正发型，保证妆容得体。女士应做到认真化妆，妆容力求自然大方，规范着装。总之，基层公务员在进行正式谈判时，一定要做到大方、庄重。

2. 保持风度

在整个谈判进行期间，参加谈判者都应保持自觉保持风度，具体来说需兼顾以下两方面。

（1）心平气和。在谈判桌上，每个谈判者都应做到心平气和，冷静面对一切。避免在谈判会上激怒对手，始终让自己保持平静情绪，这是每个高智商谈判者所应具有的风度。

（2）争取双赢。谈判无非是维护自己所代表一方的权益，但成功的谈判以谈判各方相互让步，最终达成各方共赢局面。在谈判中，只为维护自身利益，而不懂得让利益共享，是不明智的谈判行为。

3. 礼待对手

在谈判期间，为了争取自己的需要，常常使气氛陷入紧张，使得谈判局面僵化。谈判无论结果如何，都要讲究礼貌。以礼待人，方能成事。谈判人员绝不可举止粗鲁、表情冷漠、语言放肆，更不可向对方进行人身攻击、恶语相加，不尊重对方的人格。不懂得尊重对方的人，会在谈判桌上最先陷入被动。

## 四、签字仪式上的注意事项

举行签字仪式是相关各方对自己履行合同或制定协议等做出的一种正式承诺，签字仪式应做到认真、严肃对待，不能忽略签字仪式礼节。

1. 签字仪式的位次排列

在举行签字仪式中，座位排列也是有一定章法可循。在举行签字仪式时，根据不同情况，可分为以下三种方式。

（1）并列式排座。这是举行双边签字仪式常用的方式，即签字桌面门而放，出席签字仪式的所有人员在签字桌后排列，双方签字人员居中面门而坐，客方居右，主方居左。

（2）相对式排座。相对式排座与并列式排座大致相同。二者之间的主要差别是相对式排座需将双边参加签字仪式的随员席移至签字人的对面。

（3）主席式排座。主要适用于多边签字仪式，签字桌横放室内，签字席设在桌后面对正门，但只设一个，其就座者不固定。举行仪式时，所有各方人员，包括签字人在内，皆应背对正门、面向签字席就座。签字时，各方签字人应以规定的先后顺序依次走上签字席就座签字，随即退回原处就座。

2. 签字仪式的基本程序

签字仪式基本包含以下几个步骤。

（1）签字仪式正式开始。各方人员进入签字厅，对号入座。

（2）签字人正式签署文件。通常是先签好己方保存的合同，之后签署他人保存的合同。

（3）签字人正式交换文本。各方签字人此时应热烈握手，相互祝贺，交换双方使用签字笔，以志纪念。全场人员热烈鼓掌，表示祝贺之意。

（4）共饮香槟酒相互道贺。交换已签合同之后，通常签字人会在当场干一杯香槟酒，这种做法是国际上通行表示庆贺的做法。

# 第五章　领导干部的会务活动礼仪

## 第一节　表彰大会礼仪

表彰会是国家政府机关团体为在某一领域做出突出贡献、取得优异成绩的人进行公开表彰的活动。表彰会通过公开的会议、仪式、颁奖等方式，不仅给予被表彰者应有的褒奖，还可达到树立先进典型、弘扬正气的效果。

政府机关进行表彰的形式有表彰大会、颁奖大会、命名会、追授会等。表彰会是表彰活动的主要形式之一。领导干部应了解表彰会上的礼仪，让自己的举止发言符合礼仪规范，使表彰会得以成功进行。

### 一、表彰活动的基本类型

表彰活动有很多类型，一般是通过召开会议、举行仪式的方式进行。其主要类型有以下几种。

1. 表彰会

这是最常见的表彰活动形式。通过召开会议，对做出贡献或成绩突出的个人或单位予以表彰。这样的表彰通常规模较大，参与人较多，当然，宣传效果及影响力也是可观的。表彰会一般在大型活动、重要工作、工程项目完结后进行，还有常见的是一年一度的综合性表彰或两年一次的专项表彰。

2. 命名大会

命名大会是通过为单位或个人授予荣誉称号进行表彰。命名大会同时具有宣传授予单位和个人先进事迹与贡献的作用。

3. 颁奖大会

颁奖大会是以颁奖为主要内容的表彰会。通常对做出贡献的单位或个人授予荣誉奖项。这些奖项一般是常设的，如“五一劳动奖章”“先进工作者”“优秀党务工作者”等。颁奖也是很多表彰会都会涉及的内容。除了以“×××颁奖大会”命名的正式颁奖大会外，一般的表彰活动也可能包括颁奖环节。

4. 授予活动

对个人授予某一名誉职衔、荣誉称号，以表彰某人做出的特殊贡献。这些荣誉一般不是常设和定期颁发的。如“荣誉市民”“名誉顾问”等。

5. 追授会

追授会是一种特殊的表彰活动，对于抢险救灾等因公殉职等人员，追授其“烈士”“共产党员”等荣誉称号，追授会不仅是对牺牲者行为的认可，更是表达对牺牲者的崇高敬意。

## 二、表彰会的准备工作

为了使表彰会能够顺利进行，需在活动前做好相关工作的安排，主要有以下几方面。

1. 确定表彰对象

表彰对向有时是领导集体做出的决定，有时需经过规定的程序产生，有些则是由群众推举或选举产生。确认表彰大会的对象会有正式文件，要以正式文件为依据。

2. 制订活动计划

活动组织部门应提前安排好活动的具体内容，包括表彰对象、活动名称、参加人员、出席的领导、时间地点、物资准备等，计划要报相关领导审批通过。

3. 安排活动流程

表彰大会的一般流程包括：宣布大会开始；宣布表彰决定；为受表彰者颁奖，授予证书、锦旗等；奏乐和献花；受表彰人或代表发言；领导讲话。

4. 布置活动现场

表彰大会的现场布置既要体现庄重，又要喜庆、热烈，不宜过于严肃死板。可用红旗、彩旗、彩带等烘托会场气氛，活动所需的物品要提前准备好。

5. 组织宣传报道

为了达到激励干部群众、宣扬先进精神的目的，提前做好宣传环节以扩大活动影响力是十分必要的。具体到大会前的准备活动，要提前联系好媒体，为记者等媒体工作人员安排席位，提供摄影、摄像、录音的方便。

## 三、表彰会的气氛要求

表彰会的基本气氛要求是“隆重而热烈”。为此，活动组织单位需要在以下几点做好相应的安排。

1. 会场布置

隆重热烈的氛围要通过会场的布置体现出来的。为此，可用条幅、红旗、彩旗等装点会场，增添喜庆色彩。活动开始后安排奏乐，体现隆重。

2. 迎送工作

迎送工作包括对被表彰人和出席领导的迎送。庄重的迎送过程不仅是体现活动的隆重，也是对待被表彰人应有的尊重和礼节。迎送环节可播放欢快风格的音乐，主席台人员入座时，全体与会人员要报以热烈掌声，点燃现场气氛，增添现场的欢快色彩。

3. 人员发言

会场上每一个发言结束时，主持人都要引导全场进行热烈鼓掌，这既是对发言者应有的尊重，也是为了进一步渲染会场的热情气氛。

4. 宣布表彰决定

一般来说，宣布表彰的流程是：首先由领导宣布表彰决定，然后授予被表彰人奖状、奖金、奖杯等，最后宣读祝贺词。各个环节都要稳妥、流畅地进行，体现隆重。领导宣布决定及宣读贺词时，应做到口齿清楚，声音洪亮，语调欢快，以衬托会场的热烈气氛。

5. 安排后续活动

为了烘托表彰会的盛大，会后可根据情况安排适当的联欢会、舞会、庆功宴会等，与之相呼应，将热烈的气氛延续更长时间。在这些后续活动中要注意各自活动形式对应的公务礼仪。

## 四、办好表彰会的注意事项

除了准备工作和会场气氛，想要办一场成功的表彰会，还要注意以下几个问题。

1. 表彰适度

首先，表彰会上的发言要体现表彰对象的典型性。发言要突出表彰对象的可学习性，让其为人们树立榜样。同时，表彰的内容应代表广大人民群众身上所有的可贵精神。其次，要抓住表彰对象事迹和精神的时代性，精神榜样必须是时代的精英，才能使其形象立体、亲近，令广大干部群众自愿将其作为榜样，向其学习。

2. 组织有序

表彰活动要达到树立典型、弘扬正气的目的，离不开周到、有序的组织工作。从前期奖杯等物的制作准备，到合理设计活动流程，以及活动当天的现场气氛把控，都要有条不紊，统筹兼顾。要做到忙而不乱，上台领奖、递送奖品等环节都要有人引导。

3. 礼节到位

表彰作为一项庄重的公务礼仪活动，每个过程都要体现礼仪规范。出席表彰会的每个人都要注意服饰、仪容整洁得体，举止动作优雅沉稳。颁奖者要稳健沉着，受奖者需大气端庄。握手、点头、鞠躬等细节每个细节都不容忽视。

## 五、注重颁奖环节的礼仪

表彰会上往往有颁奖环节，颁奖是表彰会的高潮和重点，需要安排得当，各方人员的行动都要符合礼仪规范。

1. 工作人员的礼仪要求

工作人员应在事先在台下安排好引领、递送等分工。当有不止一个受奖人时，事先安排好颁奖的顺序，并准备好对应的奖杯、奖品等。颁奖开始后，引导受奖人依次序上台，工作人员向台上递送奖品，配合有序，使颁奖活动流程井然有序。注意颁奖、受奖时都要用双手递接。颁奖人要主动与受奖人握手并通过微笑、点头互相致意，表示尊重。如有新闻媒体人员拍照，或需拍摄颁奖场面留作纪念，则在每名受奖人领奖后，受奖人留在台上，排在众人之前，为摄影、摄像提供方便。

2. 受奖人的礼仪要求

受奖人的礼仪表现能代表整场表彰会的外在形象，受奖人需注意的礼仪有以下几个方面。

（1）仪容端庄。服装要整洁、庄重，符合表彰会氛围。授奖时的动作和发言要自然、大方、得体，在全场观众和摄像镜头前做好表率。

（2）上台受奖时要依照顺序，不可争抢拥挤，上下台时步调沉稳，举手投足体现大方，不要左顾右盼、扭扭捏捏。

（3）受奖时面带笑容，双手接奖并表示谢意。受奖后向全场观众鞠躬行礼，并举起奖品向观众致意，自己的受奖环节结束后，及时走下主席台，使后面的环节得以及时衔接。

（4）致答谢词时，既要谦逊得体，又要防止过度谦虚和客套，对各方面的评价、感谢都要适度得当。

## 第二节　展览会礼仪

展览会，是有关部门以展览为形式，以介绍本单位的业绩，展示本单位的成果、技术或专利为目的而举办的活动，活动以陈列实物、模型，提供文字、图表、影像资料等为主要内容，具有宣传和社交的双重性质。

展览会在政务、商务交往中都发挥着重要作用。它可以将自身的业绩生动具体地呈现给社会各界，同时借助传播手段广为宣传，提高自身的名气与荣誉。因此，参与者需对展览会给予高度重视。展览会礼仪，主要是指主办单位在组织、参加展览会时应当遵循的规范和礼仪。涉及展览会的分类、组织和参加等方面的问题。

## 一、展览会的分类和组织要求

展览会是一个覆盖面很广的概念，各种活动形式都涉及其中。一场展览会通常是展览、会议、讲座、宴会等多种形式活动的综合。根据展览会的目的和形式不同，展览会分为不同种类，因此，开好展览会的前提是明确它的活动目的和活动类型，以此为依据定向设计活动流程。

展览会按照不同的标准可分为多种类型。

1. 综合展览会与专业展览会

综合展览会指既展出工业品，又展出消费品，面向的参与者既包括工商业人士也包括消费者。这类展览会的特点是规模较大、参与人员较多、时间较长。大型综合展览会比较全面反映一个地区或一个行业的经济发展状况和实力。对于政府引导经济发展和工商业了解行业趋势都有很大帮助。因此地方政府往往积极支持并引导综合展览会，地方的企业也会踊跃参加综合展览会。

专业展览会指专门展示某一行业或某一项产品的展览会。专业展览会的突出特征是常常同时举办讨论会、报告会等。

2. 消费展览会与贸易展览会

贸易展览会针对商业、制造业等单位进行参展，其目的为进行信息交流、市场调研等，通常贸易展览会的举办日期、地点是啊相对固定的。同时，参与展览的行业及单位都有很大的限制，通常都是行业对口，一般不允许普通游客参与。

消费展览会的展出内容以消费品为主，目的主要是直接销售。消费展览会面向公众消费者开放，非常重视参与和观看展会的观众数量。展出的公司主要是经营消费品的公司，这类展览会对提高产品知名度有很好的效果。

3. 国际展览会与地方展览会

国际展览会是有两个或两个以上单位参加的展览会。由于交通、通讯的发展，以及国际贸易的增加，国际展览会得到了快速发展。改革开放以来，中国举办的大型国际展览会逐年增多。国际展览会是企业开拓国外市场的最有效方式。公司一般通过国际展览会进行市场调查，开拓新的销售渠道。参加国际展览会需要较长时间的筹备和较为专业的知识。

地方展览会的特征是以活动当地观众为主要参与者，但展出者并不限于当地地区。地方展览会的规模较小，费用较低，但具有很大作用。地方展览会可为当地中小型企业提供展示自身实力、进行市场调研、挖掘潜在客户的机会，是中小型企业的重要营销手段。地方展览会也是代理、地区销售人员参加展出的一个好机会。

## 二、展览会活动的注意事项

1. 交谈的礼仪

展览会的交谈礼仪主要指参展企业相关人员在交谈时应遵循的礼仪。展览会是参展商家洽谈商务、拓展合作资源的重要渠道，在这种公众场合，礼仪代表了一个公司的形象、品味和实力。因此参展的工商业人士不可失了礼数，与人交谈态度要和蔼、语调自然、表达得体。交谈时不能只注意小圈子内的活跃气氛，而冷落了其他来宾。如交谈内容涉及不宜让别人知道的商业信息，则应另择场合私下交谈。

2. 接打电话的礼仪

接打电话主要是对展会服务人员的礼仪要求。打电话时，服务人员的态度要文明、礼貌，语言要简洁、明了。打电话时应先报出自己的单位和姓名。若电话中断，应按礼节再拨一次，拨通后稍做解释，表示歉意，打消对方的疑虑。通话结束时，向对方道一声“再见”或“谢谢”。等待对方挂断电话后，双手将电话轻放。

展会中有外来电话响后，要保证在铃声响后三声内接听，接电话是展会服务人员每人应尽的义务和责任。若需叫他人接听电话，要走到该人身边通知，不可远距离大声喊叫。接电话时需语调亲切，体现良好的服务态度，吐字清晰，语调适中。接听电话的人员应熟悉本单位的详细情况，在接听宾客电话时做到对答流畅。

3. 赠送礼品的礼仪

赠送礼品是展览会经常涉及的环节，赠送者的双方可能包括主办方、参展企业、观众等各方人员。赠送礼品既能增加各方之间的交流，加深各方情谊，又能趁机展示企业的产品。赠送礼品首先要注意礼品的选择，要与对方的身份相符，尊重对方的风俗习惯、宗教信仰、个人禁忌等。礼品的种类、价值、数目、包装等方面都要精挑细选，不可马虎大意。另外，还要选择恰当的赠送时机。

## 三、展览会工作人员的礼仪要求

展览会上工作人员的形象直接代表参展单位的形象，工作人员的形象构成了展会的整体面貌。因此，展览会的工作人员须重视礼仪要求。

1. 注意服装与仪容

通常一个展位上的工作人员都应着装统一服装，最好穿本单位的制服。除礼仪小姐，其他工作人员应佩戴标志自己的单位、姓名的胸卡。负责迎送宾客的人员应身穿鲜艳单色旗袍，并胸披写有参展单位或其主打展品名称的大红色绶带。

男士应剃须，女士最好化淡妆。全体工作人员一律不宜佩戴首饰。

2. 注意待人礼貌

展览会上的工作人员首先要明确自己的职责是服务观众，在脑海中形成服务意识。周全到位的礼貌是优质服务的保障。

展览一旦开始，全体参展单位的工作人员应各就各位，站姿挺拔。无特殊需要，应坚守在自己的展区岗位上，不允许在展会现场四处游逛。有观众到来时，要站立迎宾，以坐、卧姿态相迎都是不礼貌的。工作人员不可迟到、早退、无故离岗。

当观众走近展位时，工作人员应面带微笑，主动向对方打招呼："你好，欢迎光临！"随后面向对方，微微欠身，伸出右手，掌心向上，指尖指向展台，用适度亲切的语调说："请您参观。"当观众在展位上参观时，工作人员可跟随其后，以备随时解答观众的问题，但要注意观众无要求时，不宜过分打扰人家，允许其自行参观。当观众较多时，也可走在队伍左前方引导观众参观。对于观众的咨询，工作人员要认真做出回答，即使有自己无法解答的问题，不可置之不理，更不能有不耐烦、不礼貌的态度。当观众离开时，工作人员应真诚地向对方鞠躬，说“谢谢光临”或“再见”。

如有极个别不遵守展览会规则的观众，应礼貌地对其不当行为进行提醒和劝阻，必要时可请保安人员协助，但不可擅自动粗，更不可随意对观众进行打骂、扣留等。总之，无论何时，工作人员都不得以恶劣的态度或做法对待观众。

## 第三节　集会礼仪

集会，是指人们集合在一起，有目的、有组织、有领导地研究、讨论、商议有关问题。集会是人们社会活动的主要方式之一，也是社交活动的重要形式。集会具有四个特点：有议题、有组织、有步骤、有领导。

集会既是公务活动，又有社交属性，自然有很多礼仪讲究。集会活动中，参与者分别扮演了不同的角色，发挥着不同的作用。集会上的主要人员包括主持人、发言人和聆听者。身份不同者，负责的任务和需要注意的礼仪各有区别。

### 一、主持人的礼仪

主持者需要负责组织集会活动的各项事务，是集会的“总设计师”。具体的工作包括落实议程、控制时间、掌握会场三个方面。能否把这三方面做好，是衡量主持者是否合格的主要标准。

1. 落实议程

议程，是会议议程的简称，指的是会议进行时各项安排具体的先后顺序。凡较为正式的集会，大都要事先认真拟定议程。主持人作为集会的现场“总指挥”，应提前熟悉议程。只有这样，主持人才能驾驭整场集会，无论发生什么突发状况，都能灵活应对，妥善解决。

较为正式的集会，其议程大都包含以下几个环节：首先是主持人宣布会议正式开始。必要时可全体起立，奏国歌，以示庄重；其次由发言人作报告，所有参加集会者对会议主题进行充分讨论，目的是针对某些问题达成共识，或通过会议决议；最后，宣布散会。集会的议程一旦决定，就不可轻易更改。

2. 控制时间

主持人还要把控好集会时间。不仅要按照议程安排准时宣布开始，还要尽量不拖延时间，准时结束会议。为此，主持人可以从以下几方面入手：首先，把握各项零碎时间；其次，限制发言时间；最后是预留休息时间。这三点有任何一点没有落实到位，都会影响集会顺利进行。

限制发言时间是准确把握集会时间的关键。一般情况下，所有会议都会限制每位发言者的发言时间。在拟定集会议程时，应提前计划好每个人的发言时间，并事先通知发言者，令其根据时间限制准备好发言内容。集会开始后，发言人进行发言之前，主持人最好再次提示一下限定的时间长度。

倘若集会时间较长，应当在集会中间预留一定的休息时间。在进行会间休息前，主持人须声明休息时间至何时结束，以便与会者能准时返回会场。

3. 掌握会场

主持人想要掌握会场，还要做好几个关键环节，如发言人在开始发言与发言结束时，主持人应带头鼓掌，并提议全体与会者针对发言人陈述的问题进行积极讨论；当有贵宾出席集会时，主持人要在其出场时或发表演讲之前，对其进行适当的介绍；当集会上出现冷场时，主持人还必须采取有效的措施调节现场气氛，令集会顺利向前推进。万一会场上出现局部的矛盾冲突甚至骚动混乱，主持人要以温和的方式及时加以阻止，避免矛盾激化，维持集会秩序。

同时，主持人要明白自己的职责是主持会议，而不是取代发言人做集会的主角。如当需要主持人出场推进集会议程时，要及时行动，果断利落；当不需要主持人发言时，绝不可乱抢风头。主持人和发言人都要恪守本分，尽职尽责，才能让公务集会顺利进行。

## 二、发言者的礼仪

发言者是集会的主角，发言环节是集会的重要流程，内容一般涉及集会所要讨论的主题。在集会上负责发言的一般是职务、威望较高的人。发言人要注意仪表整洁、表达清楚、态度谦恭，才能令发言观点鲜明、打动人心，从而调动起与会人员参与热情，积极讨论，促进问题的解决。

1. 仪表整洁

发言人一定要注意修饰仪容，做到仪表干净、整洁。具体来说，男士要剃须，女士要适当化淡妆。头发务必梳理整齐。发言人的着装要整洁、端庄、大方，以公务人员常见的正装为宜，西服、长裤、皮鞋，男士打上领带。不可随意乱穿，更不可为追求时尚、新潮、个性而穿奇装异服。女士可戴简单的装饰，但不可过于抢眼、招摇，首饰的造型以简约为宜，颜色以朴素为佳，不要给人留下一身花哨的印象。在发言时，发言人不宜戴帽子、墨镜，袖口、裤管不要卷起来。

2. 内容周全

内容周全，是指发言人的发言要做到观点明确、中心突出、条理清晰、态度清楚、主张合理。发言时的语言要简单明了、通俗直白，做到让全体与会者都能听明白。可适当举例，增加发言内容的说服力。发言的内容要实事求是，根据客观现实反映问题、分析问题，不可凭借个人感情发表议论，宣扬个人立场，鼓动听众。发言人要用真实的事实、合理的观点，以及自己的真情实意去打动每一位与会者。

3. 态度谦恭

发言人在发言时要表现得谦逊恭谨，不可夸夸其谈，夸大事实欺骗与会者。也不可在气势上咄咄逼人，给人胁迫之感。集会是为了公开地、平等地讨论问题。在发言之前，发言人要向主持人与其他听众欠身致意，并进行问候。发言之时，不得用任何对听众表示不满的语言、表情或动作。发言结束后要对听众致谢，欠身施礼后再退场。

## 三、聆听者需注意的事项

1. 遵守纪律

集会开始，每一位与会者必须准时到场，严守会议时间。这是维护集会秩序、顺利推进集会议程的基本条件之一。要做到这一点，最重要的还是靠全体与会人员的自觉。接到集会通知后，参加者应该按照通知上告知的时间，提前5–10分钟来到会场，以保证准时出席集会。提前进入会场后，在等待的这段时间里，可以事先领取会议要用的材料、文件等。

集会过程中，应踏实坐在自己的座位上，不可在会场随意走动，也不可中途退场，尤其不能在他人讲话期间讲话、走动，这是对讲话者的不尊重，也容易扰乱集会秩序。如果确实有紧急事件不得不中途离开，也不能不辞而别，要在不干扰集会的前提下，找到主持人或其他负责人说明情况并请假。

在集会进行期间，全体与会者都应保持安静，不影响主持人与发言人的讲话。不可随意大声喧哗、播放音乐等，也不宜在他人讲话时打电话。整个集会期间都应尽量不打电话，若必须有电话需接听，要向主持人或相关人员说明，随后到距离比较远的位置接听，避免自己讲话的声音影响到观众倾听、发言人讲话。

2. 认真倾听

在集会过程中，与会者要认真倾听他人的发言，这不仅是为了让自己全面掌握会议内容，同时也是为了表示对与会者的尊重。只有每个人都听清、听懂讨论的内容，才能在集会上就某些问题形成共识，使集会达到预期的目标。

集会过程中要聚精会神，专心聆听别人的讲话。可预备好必要的记录工具，如纸笔、录音笔等，以便于记录会议要点。交流讨论时要积极动脑，踊跃表达自己的意见。与会者要重视会议发放的所有材料，认真阅读，以便全面了解集会情况。

## 第四节　新闻发布会礼仪

新闻发布会，又称记者招待会，指政务机构组织召集新闻记者，由发言人发布信息或集中回答记者提问的一种活动，是政府机关面向社会进行宣传的一种大众传播方式。随着政务公开的推行，新闻发布会成了增进政府与大众交流的一种有效的沟通方式。

新闻发布会可以协调政府与公众的关系，促进政府工作信息透明化、公开化，在应对突发事件、化解社会矛盾、维护政府公信力方面发挥着越来越重要的作用。开好新闻发布会，有很多要注意的问题。

## 一、新闻发布会的基本要求

1. 主题明确

机关单位在组织新闻发布会前一定要明确主题。主题是新闻发布会的纲领，选定主题，才能确定邀请记者范围，准备发言内容，做到有的放矢。如果主题不明，发布会的方向很可能被记者繁杂的提问内容所诱导，令政府机关陷于被动地位，甚至弄巧成拙，损害了政府在公众中的形象。

2. 准备充分

新闻发布会的准备主要包括时间、地点、主持人、发言人等活动准备；发言提纲、报道提纲、宣传材料、邀请记者的请柬等材料准备；发布会的场地、布置、设备、器材等物质准备。

准备工作中最重要的是认真做好新闻发布会所需的各种材料，包括主持人的发言稿，发言人回答记者提问的备忘提纲，新闻统发稿，以及会议所需的文字、图片、资料等。材料要提前印制好，会前分发给记者，作为他们提问或写新闻稿时的参考内容。

3. 选好发言人

新闻发布会的发言人一般由政府机关单位指定。通常发言人的选择决定了发布会的质量，发言人回答问题的表现，直接影响着公众对发布信息的认可程度。所以，想要成功举办新闻发布会，发言人应具备以下条件。

（1）敏捷的思维。面对记者花样众多的提问，发言人必须做到思维敏捷、反应迅速、沉着应对，回答问题时从容镇定，逻辑性强，一字一句具有令人信服的力量。

（2）较高的政治素养。新闻发言人必须有较高的政治素养和业务水平，才能在面对各种提问时迅速组织恰当、一针见血的答案。有时记者会提出带有挑衅性或讽刺性的提问，这时新闻发言人不能以恶语相对，激化冲突，而应绵里藏针，间接回答，保证滴水不漏；新闻发言人对于不便发表和透露的信息，或涉及党和国家的机密问题，应委婉地向记者做出必要的解释，不可用“无可奉告”之类的字眼，给人造成回避问题的印象。

（3）过硬的表达能力。发言人不仅要反应机敏，还要具有较强的口头表达能力，吐字清晰，措辞文雅，才能把握住会场气氛。尤其是当记者提出一些难回答的问题时，发言人要能以过人的机变性和表达能力化解尴尬。另外，发言人的言谈举止应尽量幽默风趣，富有亲和力，同时又不失庄重。

4. 选好主持人

主持人是新闻发布会的现场调控者，负责调整会议气氛，掌握会议时间，以及把握发布会的提问方向，担负着重要责任和艰巨的任务。主持人应具备多方面的综合能力。

（1）组织能力。主持人必须有过人的组织能力才能化解随时可能出现的各种危机，牢牢把握发布会的方向和氛围，使主题不被带偏，发布会能够在缓和、友好的气氛中顺利完成。

（2）亲和力。主持人的态度要和蔼可亲，才能充分发挥组织作用，引导记者踊跃提问。

（3）礼节礼貌。主持人要讲究礼节礼貌，无论何时都不可态度恶劣、蛮横，要尊重记者提出的每一个问题，同时巧妙地谢绝不宜正面作答的问题，以及偏离发布会主题的问题。记者提问时，主持人不应随意打断、插话、干扰。

## 二、新闻发布会的筹备事项

国家政府机关部门要举办一场新闻发布会，需要筹办的具体事项很多，主要包括主题的确定、时空的选择、人员的安排、材料的准备等。

1. 主题的确定

新闻发布会的主题大致分为三类：一是发布某一消息，二是说明某一活动，三是解释某一事件。主题是否得当，直接关系到发布会的预期效果能否实现。国家机关部门在举办新闻发布会时，一定要全程注意不能脱离会议主题，否则会造成负面的宣传效果。

2. 时空的选择

新闻发布会的时空选择，是指如何确定活动的时间与地点。通常来说，举行新闻发布会的最佳时间是周一至周四的上午10～12时，或是下午的3～5时左右，这些时间段更适合参加会议，通常会议时间应控制在两个小时之内。

在新闻发布会的时间选定上，还须注意几条原则：一是避开节假日，二是避开本地的重大社会活动，三是避开其他单位的新闻发布会。

新闻发布会的地点，首选应考虑本单位所在地、特定时间或活动的发生地。发布会现场应满足交通便利、环境整洁、设备齐全等条件，还要注意场所面积适中，能容纳全部与会人员且不至于显得拥挤，否则会影响发布会的庄重性。本单位的报告厅、会议厅、宾馆的多功能厅、当地的著名建筑等，都是适合举办发布会的地点。

3. 人员安排

人员的安排包括发言人、主持人的选择，以及相关工作人员的安排。按照常规，新闻发布会的主持人多为主办方的公关部长、办公室主任或秘书长担任。这些人具有丰富的主持会议经验，且见识广泛，善于把握大局；新闻发布会的发言人通常由本单位的主要负责人担任，这样能使发言内容具有权威性，最好还应有较好的仪表形象。

现场负责接待的人员也需精心选择。依照惯例，通常是在本单位领导干部中选择气质优雅、仪表端正、善于交际的年轻人担任。

4. 材料准备

准备新闻发布会时，主办方通常要事先委托专人准备好以下四方面的材料。

（1）发言提纲，即发言人进行正式发言时的内容纲要，要求是紧扣主题，且必须真实、准确、生动。

（2）问答提纲。使发言人回答问题时尽可能有充分准备，应事先针对可能被提及的问题进行预测，针对预测结果准备相应的回答以作参考，从而使发言人做到心中有数，不慌不忙。

（3）宣传提纲。为了方便记者进行宣传报道时抓住重点，且内容翔实，主办方应事先准备好一份包含有关数据、图片、资料为主的宣传提纲，打印出来发放给每一位到场记者，材料上列出单位名称、联系方式、网址等，这是引导正确宣传报道方向的重要一环。

（4）辅助材料。为了加强宣传效果，若条件允许，可在现场预备一些多媒体视听材料，如照片、模型、光盘、录像、幻灯片等，以供与会者利用。值得注意的是，切勿弄虚作假、泄露国家机密信息等行为出现。

## 三、新闻发布会现场的讲话艺术

新闻发布会上发言人、主持人的每一句话都代表着主办单位的观点和态度，因此必须把握讲话的方式与技巧，最重要的一点是把控好讲话分寸。

1. 简明扼要

无论是发言还是答问，都要条理清楚、直击重点。新闻发言人、主持人都应将问题讲述清楚，讲得令人信服。切勿卖弄口才，长篇大论，避免让人感到其态度不端正。

2. 生动灵活

主持人和发言人的语言风格影响着全场的气氛。讲话者的语言、逻辑上的生动、灵活，是化解尴尬气氛的有力武器。遇到冷场或气氛紧张之时，生动灵活的语言、幽默风趣的表达，往往能将一场冲突消弭于无形。

3. 礼貌待人

新闻记者都是有备而来，加上记者大多见多识广、机敏过人，所以他们往往会提出一些尖锐的问题，在无形中将会议主题引导对己不利的方向。为了应对这种情况，发言人除了要以机智应对，还要有礼有节，不失风度，始终以谦逊友好姿态给予回应。切不可出现慌张、不知所措，更不可以恶语相向，甚至粗暴打断对方的提问。

# 第六章　领导干部的外事礼仪

## 第一节　外事活动的国际惯例

随着中国的国际影响力日益提高，对外文化交流活动日益频繁，政府机关的领导干部越来越多参与各种外事活动。在对外服务、外事接待和出访过程中，领导干部需严格执行我国的对外基本国策，遵守外事礼仪规范，遵循国际惯例，表现出良好的外事礼仪修养。

中国的对外交往工作秉承“外事无小事”的原则，力求在互相尊重、平等相处的基础上，维护自身尊严。为此，领导干部需了解外事礼仪中各种注意事项，不出任何纰漏。由于各国文化背景的差异，涉外交往有许多特殊的礼仪，这里列举一些外事活动中的国际惯例。

### 一、互相尊重

所谓互相尊重，就是以平等为原则，自尊自爱的同时尊重对方，既不可表露出傲慢，也不能过于卑微。相互尊重首先要尊重对方，体现出双方的主权平等和人格平等。例如，双方在谈判桌上据理力争时，不管怎么争论，都要尊重对方的人格；同时，还要做到自尊自爱。只有维护自身尊严才能得到对方的尊重。涉外交往的相关人员应以不卑不亢，充满自信的态度，将自己的人格、品味、形象等表现得恰如其分。

外事活动要避免过分傲慢和过分谦卑两个极端。外事交流应以平等的姿态与对方交流，从容大方，风度得体，力求实现友好的沟通与合作。一场成功的外交应是共赢局面，双方都是成功者，不要盛气凌人，一味想压倒对方。同时，也不要过分自卑。对方的技术比我们高级，理念比我们先进，我们就一味地仰仗你们，全盘接受你们的方案和想法，这也是不可取的。

互相尊重的一个具体规范是根据对方的级别确定接待规格。涉外活动中的平等，首先是出席人数基本对等，对方来几个人，中方出席的人数也要大致相同。其次就是注意规格对等，对方来的人是什么级别，我们就用什么样的规格来接待。例如，对方是部门领导级，我们也应派部门领导级的干部接待。对方是首脑级别，我们的接待方也应是首脑级别。

## 二、内外有别

简答来说，就是外事、内事区别对待，注意外事的特殊要求。具体说来有以下几点。

1. 交谈的内容

跟外宾哪些能说，哪些不能说，哪些表态不能少，哪些话题必须保密，涉外工作者心里要随时装着一杆秤。

2. 礼仪的形式

有很多礼仪与中国的礼仪习惯不同。外事交往中的原则是以国际礼仪为标准。

例如，以右为尊的惯例。在以我国为东道主的国际会议场合上，如果主席台位于正中，需要官方合影时，中间是中方领导，右侧为第一外宾，左侧为第二外宾；国际学术会议或论坛式会议上，讲话嘉宾应在舞台的右前方；文艺演出时的两位主持人分别站在舞台的左右两侧，女士在右边，男士在左边。

再如，女士优先是国际场合的礼仪共识。在中国的礼仪习惯中，对此不做十分严格的要求。但在国际场合，处处都要体现女士优先。如，男士在走进一扇门之前，会刻意转过身来，看看身边有没有女士，如有女士则应请女士先行进入；行进过程中，若无法并排行走，男士应请女士走在前面；女士就座时，男士主动为女士拉开椅子，接过女士脱下的外套挂起来。离去时主动拿起外套递给女士。女士离座时，男士应起身或欠身致意；上下车时，男士应主动为女士拉开和关上车门。

**三、入乡随俗**

入乡随俗，就是在出国到访某个国家或地区时，一切言谈举止都要尊重当地的风俗习惯，尤其注意不要触犯当地人的禁忌。入乡随俗能够体现对对方的尊重，展现平等包容的外交风度。

首先，要尊重各国的文化差异。不同的国家、地区、民族，有不同的文化、体质、观念，这往往成为双方相互认同和相互信任的障碍。对此，要尊重差异，不要大惊小怪，更不要因对方和我们不同而视其为“落后”“野蛮”。对方交往中，差异是一定会存在的。正确的做法是求同存异，即弱化差异，强调共性，寻找共同利益点，以达成双方共同的合作愿望。

其次，要了解世界各国的礼仪特点和禁忌事项。当今世界流行的国际礼仪很多源于欧美国家，如欢迎国家元首时鸣放礼炮21响，这一礼仪源于英国；西服领带的着装习惯源于法国；亲吻礼据说源于意大利。

不同国家和地区的外交场合中还带有本国本民族的礼仪内容，如外宾访问南亚国家时，主人会亲自给客人献花环；访问俄罗斯和其他属于斯拉夫民族的国家时，主人会让盛装打扮的少女为客人献上刚烤出来的面包，并配上一碟盐，让客人撕下面包，蘸着盐吃。

不同国家和民族的礼仪中还有许多禁忌，或是与中国截然相反的文化习惯。如在泰国、印度和中东一些国家，左手被认为是不清洁的，因此在这些国家用左手递接食物和礼品会被认为不礼貌；泰国人认为人的头部是神圣不可侵犯的。如果随意触摸泰国人的头部，不论大人还是小孩，都会被认作是一种失礼的行为，甚至可能引起纠纷；伊斯兰国家的妇女见面时不能握手，更不能拥抱和亲吻；在保加利亚、斯里兰卡和印度，点头的时候表示“no”，这一点正与中国相反。所以，在出访某个国家或地区之前，公务人员应提前了解诸如此类的各个国家和民族独有的礼仪，这样才能入乡随俗，不至于触犯对方的禁忌，引起尴尬和误会。

### 四、尊重隐私

日常的社交活动中，人们经常通过交流少许个人隐私的方式拉近感情距离。然而，在对外交往中，打探对方隐私是禁忌。因为西方文化重视人格和隐私的独立性。随意打探对方的隐私，不仅达不到交流感情的目的，反而会被视作是一种侮辱和没有教养的行为。

一般来说，在国际交往中，有八个方面的问题均被视作个人隐私问题，是不能随意提及的。

1. 收入水平

在西方的文化观念中，人的价值是不能通过金钱和薪酬水平来衡量的。打听对方的收入，不免给人造成以货币数字衡量人价值的印象。

2. 年龄大小

中国文化以老为尊，西方和中国不同。西方并没有年纪越老越值得尊重的观念，西方人喜欢不认老、不服老。因此打听对方年龄，容易给双方造成尴尬。

3. 婚姻状况

婚姻完全是个人的事，是否已婚、是否想选择结婚，都与其他人无关。

4. 宗教信仰

不同的民族有不同的宗教信仰，西方人交往中，从不谈及信仰，更不会有过多的干涉。

5. 身体状况

谈及身体健康问题也是外国人的忌讳。尤其不要问对方的体重。如美国人从来不轻易向别人透露他们的体重，即使他们的身材很好，体重很轻。他们愿意听到别人夸赞他们肌肉健壮，但不喜欢谈及体重。

## 第二节　国旗、国歌与国徽礼仪

一个主权国家的重要象征及标志是：国旗、国歌和国徽。无论是在国内活动或外事活动中，每个领导干部都应熟知国旗、国歌、国徽的礼仪。在重大外交场合，国旗、国徽、国歌的礼仪代表着一个国家的地位与文明，不容有任何差错。

国旗、国歌和国徽，都是由一个主权国家，通过立法的形式，在本国的法律上规定的象征国家主权的标志，这些在外交事务中具有极为重要的地位。领导干部在外事活动中不仅要尊重本国的国旗、国歌、国徽，还要本着互相尊重的国际惯例，对他国的国旗、国歌、国徽表示同样的尊重。

### 一、国旗的礼仪规范

国旗是由国家法律正式规定的、代表国家的旗帜。所谓国旗礼仪，是在使用国旗时应遵守的做法规范。

1. 尊敬爱护国旗

对国旗的尊重和爱护，是对每一位国民的基本要求。国旗是崇高的标志，其升挂、使用都需严格遵守我国国旗法，注意场所、程序和规范。禁止将国旗用于商标、广告，以及私人丧葬活动或喜庆活动。在公共场合，严禁焚毁、涂画、践踏国旗，违者将被追究刑事责任。凡残破、污损、褪色、变形、图案错误的国旗，一律不得升挂、使用。

爱护本国国旗，还体现在遵守悬挂国旗的规范上。依照我国法律和惯例，悬挂国旗需将正面面向观众，不得将其随意交叉、竖挂、反挂或倒挂。在室外升挂国旗时，国旗不宜触及地面，尤其是不得直接弃置在地上，遭遇恶劣天气时可不必升挂国旗。

2. 升挂国旗的惯例

国旗的升挂方式主要有升国旗、降国旗、下半旗三种。升国旗一般于早晨升起，傍晚降下。在重大外交访问中，应升国旗表示对来访国家的尊重；降国旗是升旗仪式的重要后续环节。降旗时不可使国旗落地。降旗完毕，旗手、护旗手要将国旗仔细收好，交与专人保管存放；下半旗一般是为了向某些人士志哀，发生特大伤亡的不幸事故或自然灾害时，也可下半旗表示哀痛。

在国际外交场合使用国旗要注意不同国家国旗的排序。这是一个外事礼仪中一个重要且敏感的问题。在中国国旗需与外国国旗同时悬挂时，一般有双边排列与多边两种方式，具体要求视活动的主办方与场合而定。

3. 升降国旗的礼仪

出于对国旗的尊重，在升、降国旗时，无论是我国国旗或是他国国旗，领导干部都应严格遵守以下几项基本礼仪要求。

（1）肃立端正。升降国旗时，全体在场者均应起身肃立，不可随意走动，面向国旗立正，行注目礼，凡戴帽者应摘下帽子。

（2）神态庄严。升降国旗是一件庄严的事，在整个过程中，每一名在场者都应以庄重、严肃的表情与态度，表达对国旗的尊重。此时绝不可嬉皮笑脸、东张西望。

（3）保持安静。在升降国旗的过程中务必要保持绝对安静，不可交头接耳、嬉笑打闹，更不准接打电话。

## 二、国歌的礼仪规范

国歌作为国家象征与标志之一，具有神圣不可侵犯的崇高地位。热爱国歌、尊重国歌、维护本国国歌尊严，是每一位公民的基本义务。无论在日常生活或外事活动中，领导干部都要坚决维护国歌的尊严，遵守有关礼仪。

1. 了解国歌

对于每一个领导干部来说，首先应对本国的国歌了解得清清楚楚，词、曲都要熟记于心。我国国歌是由田汉作词、聂耳作曲的《义勇军进行曲》。1949年9月27日，中国人民政治协商会议第一届全体会议决定以《义勇军进行曲》作为代国歌。1978年3月5日，第五届全国人民代表大会第一次会议通过决议，将配上新词的《义勇军进行曲》定为我国正式国歌。1982年12月4日，第五届全国人民代表大会第五次会议决定，以恢复原词、原曲的《义勇军进行曲》作为我国国歌。

2004年3月14日，我国国歌由《中华人民共和国宪法》正式确认。

领导干部在涉外活动中，还应对交往国家的国歌有一定了解，以避免产生不必要的麻烦。世界上绝大多数国家都对本国国歌有明文规定。有些国家的国歌经历了多次变动，有些国家的只有代国歌，或同时拥有两首国歌，还有许多国家共用相同的一首国歌。遇到这些情况，领导干部应提前做好了解。

2. 明确演奏国歌的场合

为维护国歌的尊严，世界各国都对本国国歌的演奏、演唱场合有一定的规范和要求。外事活动中要严格遵守这些规定，维护本国国歌尊严，并尊重他国国歌。

按照国际惯例，任何非正式场合，特别是不够严肃的场合，均不得演奏、演唱国歌。如我国规定，在商业活动、舞会、联谊，以及婚丧嫁娶活动中一律不准演奏或演唱国歌。在我国，可以正式演奏或演唱国歌的场合一般为正规的升国旗仪式、隆重的庆典和大型体育比赛、重大外交活动和大型政治性集会、重大的外交活动。

根据我国有关规定，其他国家的国歌不得在我国境内随意演奏或演唱，但如下四种情况除外。

（1）正式的官方外交活动时；

（2）重要的国际会议时；

（3）严肃的国际性文艺演出时；

（4）国际性体育运动会或国际性体育比赛时。

3. 奏唱国歌的礼仪要求

奏唱国歌时，每一位公民特别是领导干部应严格执行相关法律规范。在奏唱国歌时要做到以下几点。

（1）庄重。各国对国歌的曲调与乐器都有严格规定，因此，在演奏国歌时不允许对其擅自更改，禁止更改国歌歌词、为国歌乐曲乱配歌词，也不得以戏谑的方式奏唱国歌。

（2）起身肃立。演奏国歌时，不允许与他人交谈，嬉笑吵闹，更不可四处走动。奏唱国歌时的标准动作是：起身肃立，双手沿裤缝自然下垂，不能双手插兜、提拿物品、扶持他物或端起双臂。除可按规定戴帽子者外，其余人应脱下帽子，也不准佩戴太阳镜；国歌奏响时，应目视正前方，若同时进行升旗，则应目视徐徐上升的国旗。

（3）郑重演唱。演奏国歌时，全体人员应跟随曲调轻声演唱，吐字清晰，节奏适当，不允许随口乱唱，含糊不清，更改歌词。演唱时不能鼓掌、击节或摇头晃脑、手舞足蹈。

## 三、国徽的礼仪规范

国徽同国旗、国歌一样，也是一个国家的重要象征和标志。世界上大多数国家都有自己的国徽。在国际事务中，必须遵照“互相尊重”的国际惯例，不仅要尊重本国国徽，还要对交往国国徽表示同样尊重。

1. 正确悬挂国徽

国徽主要用于悬挂。按照国际惯例，每个主权国家处于维护本国尊严的考虑，都只允许本国国境之内悬挂本国国徽，不允许任何外国公民与组织随意悬挂外国国徽，或是使用外国的国徽图案。在涉外场合，也不可随意使用国徽及其图案。

一般情况下，每个国家只有在举行重大外交活动时才会在特定场合悬挂本国国徽或使用其图案。除此以外，只有在驻该国大使馆、领事馆及其他外交代表机构可悬挂该国国徽。

除悬挂之外，国徽图案还可用于印章、文书、出版物、火漆印、界碑及专用服装上。具体使用需根据各国法律的具体规定。

2. 维护国徽尊严

（1）严禁滥用国徽。各国为确保国徽的严肃性，往往会划定国徽的适用和禁用范围。我国法律规定商标、广告、日常生活布置、私人庆典活动均不得使用国徽图案。任何组织、个人滥用国徽都要受到法律惩处。

（2）不得侮辱国徽。维护国徽尊严，即要求不得以各种方式侮辱国徽。在公共场合焚烧、损毁、涂画、玷污、践踏国徽者，均要被依法追究刑事责任。在国际交往中，也要尊重别国国徽，不得有焚烧、损毁、涂画、玷污、践踏别国国徽的行为。

## 第三节　出入国境的礼仪

随着我国对外交往活动日益频繁，公务人员自行组织或应邀出国访问、考察、学习已屡见不鲜。出访礼仪是外事礼仪的一个重要组成部分。公务人员在出国访问之前，最重要的是做好相关准备、办好相关手续。

出入国境的准备，一是办理好相关的证件，二是熟悉出入国境需要的手续，三是提前了解、熟悉出访国家的风俗习惯、法律法规等。踏出国门，个人的言行举止皆代表国家整体形象。公务人员必须熟知并遵守相关礼仪要求。

### 一、出国前的证件准备

1. 护照

护照是各主权国家发给本国公民在出入境与滞留国外时证明身份的证件。一切出国人员均须持有护照。任何国家都不允许没有护照的人进入该国境内。公务人员出国时应携带提前办理好的护照，过境时出示给有关当局检验。

我国护照分为外交护照、公务护照和普通护照，普通护照又分为因公普通护照和因私普通护照。外交护照是具有一定职级人员和驻外外交官持有的护照；公务护照和因公普通护照是专门发给因公出国工作、访问的人员；因私事出国的公民、留学生、侨民持有的护照为因私普通护照。

因公务出国的人员，须由外交部或外交部授权的机关办理因公护照。因私出国人员则有公安部授权机构办理因私护照。拿到护照后，应核查姓名、出生年月等个人信息是否正确。出国前要持护照去办理所到国家和中途经停国家的签证，凭护照购买国际航班机票、船票等。护照的有效期一般为五年，期满后要办理延长手续。护照必须妥善保管，不得有污损、涂改。护照如有遗失，应及时在有效期内办理。

2. 签证

签证是一国官方机构对本国和外国公民出入国境及在本国停留、居住的许可证明。签证通常附载于护照或其他身份证件上。随着科技进步，有些国家已开始颁发电子签证与生物签证。签证分外交签证、公务签证和普通签证。按照出入国境可分为入境、入出境、出入境、过境签证，另外还有居留签证。

出国前必须办妥需要的签证。即所访问国家的入境、入出境签证，以及中途经停国家的过境签证。签证由该国家驻华使领馆负责办理。

有些国家规定凡停留不超过24小时或一定期限的，可以办理免过境签证。有些订有互免签证协议的国家之间可不办签证。如今对中国开放免签证的国家越来越多，如：巴基斯坦、蒙古、泰国、孟加拉国、马尔代夫、巴西、秘鲁、玻利维亚等。以上国家对持有外交、公务和因公普通护照人员均免办签证。

**二、办好出入境手续**

各国出于安全考虑，一般都会在口岸和旅客出入境地点对过境人员实行严格的检查手续，如在机场、车站、码头等，均设有相关部门负责手续办理。通常来说，出入境时必须办理的手续如下。

1. 边防检查

边防检查即出入境者要填写入出境登记卡片，检验护照、签证、有关证件和随身行李。检查的内容包括卡片持有者的个人信息，护照与签证的种类、有效期限、逗留期限，行李中的违禁物品等。

2. 海关检查

海关是设在港口、陆路边境、国际联运火车站、国际邮件交换地点等地设立的机构，负责对过境人员携带物品进行检查，检查的范围包括货物、邮递物品、货币、证券和运输工具等。

海关检查人员一般会询问是否有需申报的物品，有些国家入出境者需填写申报单，如进出我国的旅客就需要对其携带物品进行申报，所有物品均不得拒绝接受海关检查。各国对入出境物品管理规定不统一，一般来说，烟、酒、香水等物品限额放行。文物、武器、当地货币、毒品、动植物等违禁品不得随意入出国境。

中国海关设有“红色通道”与“绿色通道”。“红色通道”即需要申请的通道，须经海关检查并办理手续方可通行。“绿色通道”也称“无申报”通道或“免验”通道，是指旅客携带无须向海关申报的物品或只处世申报单或有关单证后即可通行的通道。海关给予免验的人员、持有中国主管部门予以外交、礼遇签证护照的外国籍人员可选择“绿色通道”，但需向海关出示本人证件和规定填写的申报单位。

3. 安全检查

由于国际恐怖主义事件时有发生，因此世界各国通常会对入出境人员进行安全检查，检查的宽严程度各不相同，有时会十分严格。如登记旅客的安全检查措施非常严密，检查方式也越发多样化，包括安全门、磁性探测器近身检查、检查手提包等。武器、爆炸物、剧毒物等严禁携带到飞机上。

4. 卫生检疫

为防止某些疾病入境，旅客出入境时，国境卫生检疫部门要检查预防接种证书。旅客需交验预防接种证书。有些国家有时免检。若是某些流行病流行时期，发现未进行必要接种的旅客，有时会被采取隔离、强制接种措施。

## 三、出入境注意事项

1. 携带物品准备

护照、证件、钱包等重要物品应随身携带，切忌放在行李箱中托运，在国外时刻防范证件遗失或被抢；携带手机时要事先了解到访国手机频率，并开通国际漫游；需准备好的工作用品有笔记本、笔、名片、摄像机或照相机、到访国家的地图等资料，以及其他宣传材料与工作材料。

2. 出访注意事项

公务人员组团出访时还要注意以下事项。

（1）国外邀请单位、邀请人和出访内容需真实可靠，出访人员的身份、个人信息要如实填写，不得隐瞒和编造。

（2）不得随意变更出访路线，不参加与任务无关的活动。

（3）增强保密意识，保守国家机密，妥善保管内部资料，不携带涉密工具。

（4）认真遵守财务和礼品管理规定，禁止收受不合规定的礼品，不借出访之机谋取私利。

3. 遵守乘机（船）相关规范

在飞机、轮船上的表现同样能反映一个人的素质和礼仪。公务人员因公出国时要严格遵守相关乘机（船）相关规范。

（1）乘机相关手续。抵达机场后应先办理登记手续，将机票交由所乘航空公司验票口插言，同时将随身行李过磅。航空公司撕下由其承运段的一联后，将机票与行李卡、登记卡一并交还乘客，乘客凭登记卡登机。下飞机时凭借行李卡到目的地机场领取行李。中途换乘飞机时，应关照一下行李是否转到了换乘班机上。

（2）乘机注意事项。首先，要全程保持安静，禁止在机舱、卫生间内吸烟；其次，乘坐飞机需全程关闭手机、无线耳机及带有无线功能的电脑设备；再次，在飞机上需要服务时，可按按钮呼叫服务员；最后，下飞机时，不得带走任何飞机上的物品，如书报、餐具、毛毯、靠垫等。下飞机时，航空小姐站在机舱门口迎送乘客，乘客应有礼貌地点头致意。

## 第四节　互赠礼品的礼仪

国际外事活动及商务往来中，交往双方常会互赠礼品。恰当的礼品互赠，可以增进双方的友谊。外事活动中的送礼是一项较为敏感的举动，所以赠送礼品时应遵守国际惯例，符合国际交往的礼仪要求，同时还要尊重对方国家的文化风俗，避免触犯禁忌。

企事业单位国际交流中赠送的礼品，要符合活动主题，还要充分体现出赠送方的文化精神，带有企事业单位的特色，能够体现企事业单位的特质等。

## 一、我国外事活动中互赠礼品的规定

由于互赠礼品在外事活动中的特殊意义，我国对公务人员的互赠礼品行为有明确规定。

（1）通常情况下，除需赠送活动纪念品以外，我方不主动向外方赠送礼品。

（2）当外方主动向我方赠送礼品后，我方可酌情考虑回赠。

（3）在出席外方的重大庆典活动，或我方的正式出访活动中，可考虑向外方赠送纪念品。

（4）无论在任何情况下，均禁止我方人员主动向外方索要礼品。

（5）我方人员所获赠的对方礼品，无论是送给集体还是送给个人的，活动结束后需统一上交给自己所在的工作单位。

## 二、赠送礼品的礼仪要求

赠送礼品，最关键的是如何选择礼品。选择礼品除了要应时应景，即符合活动主题外，还应根据赠送对象考虑礼品的文化意义，并且要符合国际惯例。在外事活动中需要赠送礼品时，我方人员通常要考虑以下几点要求。

1. 突出纪念性

国际事务中赠送的礼品，其最大意义在于纪念性，不可以礼品价格作为首要考虑因素。因为在国际交往中，价值过高的礼品会有贿赂之嫌，为了反腐倡廉的国际共识，官方活动中的高价礼品一般都不受欢迎。因此选择礼品不宜价格过高，而应当强调其纪念意义，也就是要“礼轻情意重”。有时一本画册、一套明信片、一枚纪念章正是合适之选。

2. 注意对象性

对象性是指选择礼品时应因人、因事而异。因人而异，是指应尽量选择在对方国家、民族中受欢迎的物品，尤其注意不能违反对方的文化习俗。如在中国和东南亚许多国家，因“送钟”与“送终”谐音，故送钟表被认为是晦气的、不礼貌的，但在重视时间观念的西方，钟表时常会作为礼品。

礼品要考虑民族性。不同民族人民的喜好常有其惯例，如法国人喜欢香槟酒、香水，英国人喜欢鲜花、手工艺品等。中国特色的礼品被世界很多国家和地区的人民所喜爱，外方人士也常常认为具有中国民族特色的礼品才是最好的。这时我方送礼也要突出民族特色，如唐装、手炉、剪纸、玉佩、空竹、风筝、油纸伞、生肖挂件等，都是深受外方喜爱的礼品。

3. 注重时效性

有些礼品只有在一定时间段内才有较强的纪念意义。过了这个“黄金时间”，就达不到应有的效果了。例如，在2010年中国上海世博会期间，我方人士向外方人士赠送印有活动吉祥物的礼品，最能体现盛情隆重。如果过了几年之后再赠送这类物品，必会被人认为缺少诚意。

## 三、接受礼品的礼仪要求

接受礼品的礼仪要求，主要是指我方将礼品接过时须注意的事项。在外事接待活动中，外方人士可能向我方人员赠送礼品。在这种情况下，接受礼品时需注意以下几个问题。

1. 欣然接受

中国文化讲究谦逊、客套，收礼时往往先推脱一番，西方文化中喜欢对方爽快欣然地接受礼品。因此接受外方人士赠送礼品时，我方人员应当场接受，并表现得高高兴兴、大大方方，不可忸怩作态，或者言行不一地过分客套。接受礼品时应起身站立，面带微笑，先用双手接过礼品，然后与对方握手，向对方表达谢意。

2. 当场启封

在国外，特别是西方国家里，人们在赠送礼品时，接受方表示尊重的做法是立刻当场拆启包装，将其取出欣赏一番，然后略表赞赏喜悦之意。这与中国的文化习惯正好相反。本着遵从国际惯例的原则，我方人员在接受礼品时，也应按照国际社会的通识当场启封，否则会引起对方的误解和不快。

3. 有来有往

接受了外方人士的礼品之后，切莫忘记后续环节，即“有来有往”以表尊重。根据我国的惯例，通常有两种做法。

在适当的时候回赠给对方礼品，礼品的档次应当与对方所赠相近或相仿。

接受礼品后，除了当场向赠送者道谢外，还可在事后通过致信、发邮件或打电话再次向对方表达谢意。也可在此后再次与对方相见时，提及自己很喜欢对方所赠礼品。

**四、互赠礼品的禁忌事项**

由于国家、地区、民族的差异，同样的物品在不同文化中可能象征着不同寓意。有鉴于此，在外事活动中为外方人士挑选礼品时，一定要注意不得冒犯对方的禁忌。在国际惯例中，有一些物品不宜充当礼品，公务人员应当对此有所了解。

1. 现金、证券

许多国家的政府部门和企业都明文规定，禁止工作人员在对外交往中接受现金及有价证券，或实际价值超过一定金额的物品。

2. 天然珠宝、贵金属饰物及其他制成品

除了金钱、证券是禁忌，珠宝、贵金属及其制成品由于价格不菲，同样不宜在外事交往中使用。许多国家和企业为此规定了对外工作中接受的礼品价值不得超过一定金额。

3. 药品、补品、保健品

补品、保健品深受中国人欢迎。然而，在国外它们却是送礼的“禁忌品”。因为在西方文化中，个人的身体健康状况，包括身高体重等属于“绝对隐私”。在交往中谈及健康问题是十分犯忌的。因此，送药品、补品等给外方人士，会被视作对个人隐私的不尊重，这样的礼品自然不受欢迎。

4. 广告性、宣传性物品

西方文化强调个人人格，崇尚个人尊严。因此，许多外国人士自我保护意识很强。若在正常的交往中受到明显带有广告性、宣传性的物品，对方会怀疑我方有意想利用他们，或是借机进行政治性、商业性宣传，引起对方的反感。

5. 易引起异性误会的物品

国际交往中，尊重女性是必须谨记的原则。向关系普通的异性赠送礼品时，务必要精心挑选，三思而行，切勿弄巧成拙，被误会有不礼貌之意。在阿拉伯国家，向女性赠礼必须通过她们的丈夫或父亲，直接向女性赠礼是大忌。

6. 涉及机密的物品

在外事活动中，公务人员必须有极强的国家安全意识与保密意识。接待外方人士，既要有诚意，又不能过分亲密。国家利益是交往的底线，须知“防人之心不可无”。在任何情况下，都不得自作主张，未经批准擅自将内部文件、数据、资料、技术图纸、生产专利、行业秘密等透露给外方人士，更不能以此为自己谋取私利，切忌将个人的感情或利益凌驾于国家利益之上，否则要受到法律的制裁。

## 第五节　主要国家的习俗

在外事交往中，公务人员可能与许多不同国家的人接触。对各国的风土人情、文化习俗多作了解，可以在外事交往中避免许多误会和尴尬。我国的外交政策强调平等、尊重，无论对方有怎样的文化习俗，都要尊重对方，热情友好。

我国的外交原则是，与别国打交道，不论国家贫富大小，不论国民种族信仰，不论宗教、文化、风俗的差异，一律平等相待，不能厚此薄彼。了解并尊重对方的文化习俗，是贯彻平等原则的重要体现。

### 一、亚洲国家的文化习俗

亚洲地域广大，通常分为北亚、东亚、东南亚、西亚、南亚、中东等几大区域，其中东亚、东南亚、中东都有着鲜明的文化特色。总体来说，东亚的中国、韩国、日本都很注重礼貌问题，文化礼节都受到中国影响；中东普遍受伊斯兰教文化影响；东南亚的文化较为复杂多样。

1. 日本

日本是世界上最重视礼节的国家之一。日本人的一般问候形式是鞠躬，要互换名片。称呼他人时一般用“××先生”，不可直呼姓名。日本人时间观念很强，政商务会谈都要守时。日本人喜欢互赠礼品，宜用淡色礼品纸包装

2. 泰国

泰国人认为头部是神圣不可侵犯的，而脚则是卑微肮脏的。因此在泰国不能碰别人哪怕是小孩子的头，也不能用脚开门、指东西。泰国人一般不握手，传统的问候方式是两手合在胸前做祈祷状。

3. 印度

印度教徒不吃牛肉，穆斯林教徒不吃猪肉。正统的锡克教徒披大头巾，不剪头发，不吸烟，不吃牛肉。印度人与人会晤，分手时男人一般会相互握手。在印度点头代表“no”，这点和中国相反。

4. 中东

中东地区居民多为穆斯林，文化上以阿拉伯文化为主。在中东国家，送礼是很受欢迎的。但送的礼物不能是酒。伊斯兰教规禁止直接送礼给女性，给女性送礼必须通过他们的父亲或丈夫。

## 二、欧洲国家的文化习俗

由于历史渊源，欧洲与美国的很多礼俗是相同的。但欧洲人相对保守，对礼节也更加讲究。国际社会的通用礼节受欧美影响较深。欧洲人重视守时，在所有的活动中必须准时。

1. 英国

英国是一个讲究绅士风度的国家，矜持、克制、礼貌是他们的显著特点。英国人在与人交往中极少谈及个人信息，聊私人话题被认为是不礼貌的。与英国人交谈不可涉及宗教、收入、君主制等话题，英国人喜欢聊天气，很大原因是天气无关私事。给英国人送礼，鲜花、高级巧克力、名酒都是受欢迎的礼物，注意礼品价格不宜太贵。

2. 法国

法国人比较保守，拘泥于形式。法国人送礼注重情意，价格太贵的礼物被认作是浪费的，是不善交际的表现。浪漫是法国文化的传统，艺术性的礼品如艺术相册、小工艺品等都是受欢迎的礼物。送花注意不要送菊花、杜鹃花或黄色的花，也不能送核桃，以及带有仙鹤图案的礼物。

3. 意大利

意大利人打招呼一般是握手。进行会晤要提前安排，但不一定准时，因为在意大利准时并不被认为是美的。意大利人聊天的话题一般有足球、公司事务及当地新闻等，避免谈政治和美式足球。

4. 德国

德国人注重衣冠的整洁，穿西服一定要系领带。在公共场合与客人见面时，一般行握手礼，与熟人见面才行拥抱礼。德国人喜欢听对方称呼他们的头衔，对于初相识者不宜直呼其名。

## 三、北美国家的文化习俗

1. 美国

美国是一个年轻的国家，开放性和现代意识是他们的典型特点。美国人的性格坦率、真挚、热情、自信，办事干脆利落。美国人与人交谈时喜欢不断发表自己的见解，且由于美国的经济实力与国际地位，美国人在气势上常给人咄咄逼人之感。但美国人决策很快，这和他们极重时间观念，以及工作节奏快有关。给美国人送礼不要金额太高，否则反而会令他们感到压力。如果送中国文化特色的礼品，做工精致的工艺品是首选，如扇子、镜子、首饰盒、丝绸制品、上等的瓷器等。

2. 加拿大

加拿大人与美国人相比较为保守。与他们会晤及分别时的一般礼节是握手。加拿大人说话坦率，待人热情，非常注重守时，在加拿大的大部分地区赴约都必须准时。加拿大人为自己的国家感到自豪，对将他们的国家与美国做过分比较非常反感。对加拿大及加拿大人做肯定性评论是非常受欢迎的。

## 四、非洲国家的文化习俗

非洲按照文化差异，通常可分为北非、中非与南非三大区域。北非的文化、风俗、礼仪受阿拉伯文化影响较深，采用阿拉伯的语言、手势和礼仪习惯；中非国家多沿袭古老非洲的多种文化特点；南非很大程度上受英国文化影响。

1. 埃及

埃及人见面时的打招呼方式一般是握手礼或拥抱礼。握手礼较常见，握手是男性之间友谊的象征，但要注意成年异性之间的握手是不合适的，用左手也是禁忌。埃及人喜欢说话时身体极度靠近对方，甚至用手搭在对方肩膀上，在埃及的礼仪习惯中这是表示亲密友好的做法，千万不要大惊小怪。

埃及人热情好客，宗教、文化以伊斯兰教为主导。尽管当地穆斯林对其他宗教还是认可的，但在公共场合提及其他宗教还是会令他们不悦。在服饰上，埃及与西方文化接轨，但很多地区的居民还是比较保守，不喜奇装异服。

2. 南非

南非在官方文化上延承了英国的社交礼仪，见面握手，称呼对方要用“先生”“夫人”等尊称，外事活动的正式场合，服装以正装和颜色偏深的套装为宜。在黑人部落中依然保留着各具特色的传统文化。

南非的商务礼仪十分保守，拜访须提前预约，交易时力求正式、庄重。与南非人做生意手腕较多或说话兜圈子通常不被认可，以此种方式与南非人交往通常会不受欢迎。

## 五、拉丁美洲国家的文化习俗

拉丁美洲人民待人热情友好，喜欢请客和送礼。给拉丁美洲人赠送礼品，女士宜为香水或名牌物品，男士则可以是新奇的小玩意儿或随身携带的小物品。拉丁美洲国家的人与人交谈时，习惯彼此间的距离很近，与人会晤不强调守时，迟到30分钟是正常的。

1. 墨西哥

墨西哥是多种文化的混合体，服装上是传统与现代的融合，但正式的政务、商务场合上还是以保守样式的西装为主。拜访墨西哥人，无论公私单位都必须提前定约。与墨西哥人问候的方式以微笑和握手为主，男性不可亲吻女性的面颊和手，除非是熟人关系。给墨西哥人送礼，花、酒、手工艺品等都很受欢迎，但要注意不能送黄花，因为在墨西哥文化中黄花代表死亡。

2. 巴西

巴西人民热情奔放，表达感情时不会有任何难为情。他们在见面和分手时要握手。熟人见面时拥抱，女士将脸颊贴在一起，均十分常见，但非熟人之间不宜如此。同大多数拉丁美洲地区的文化相同，巴西人的时间观念不强，不会在会谈一开始就进入正题，但他们会尊重东道主的习惯。

3. 阿根廷

阿根廷的国民多为欧洲人后裔，文化上沿袭欧洲传统。正式场合注重仪容仪表，男士穿样式保守的西装，打领带，言行举止规矩大方。阿根廷人打招呼的方式以握手为主。与阿根廷人会晤，尤其是商务拜访一定要提前预约。阿根廷人喜欢面对面谈判，通过电话联系很少能得到结果。

## 第六节　主要宗教的习俗

根据我国相关规定，公务人员在外事活动中，需尊重各国的宗教信仰及相关宗教文化习俗。对各种宗教信仰的国家与人民平等相待，尊重对方的宗教信仰、不干涉其宗教活动，对外宾的宗教习俗不加非议，也不可随便模仿外宾的宗教信仰和风俗习惯，以免弄巧成拙。

据统计，有宗教信仰的人口占世界总人口85%左右，世界上大大小小的宗教可谓不计其数，也衍生出了丰富多样的宗教文化习俗。其中，分布最广、信徒最多、影响最大的是“世界三大宗教”，即基督教、伊斯兰教、佛教，全世界许多宗教都是这三大教的分支。身为领导干部，了解这三大宗教的礼仪常识，对开展外事工作有很大帮助。

## 一、基督教的文化习俗

基督教是全世界信仰人数最多的宗教，又分为天主教、东正教、新教三大传统派别。基督教形成于亚洲西部，现今主要分布于欧洲、美洲和大洋洲。

1. 基督教的文化习俗常识

（1）称谓。在基督教内部，普通信徒之间可称平信徒，新教教徒可彼此称兄弟姐妹，意为同是上帝的儿女。在我国，平信徒之间习惯称为“教友”，对宗教职业人员可按其教职称呼，如主教、神父、牧师等。

（2）祈祷。祈祷是基督教的常见仪式之一。祈祷俗称祷告，是指基督教徒向上帝和耶稣表示感谢、祈求或认罪的仪式。祈祷常采用聚会的形式，由牧师或神父做主礼人，基督徒仪态端正，虔诚祈祷，礼毕须称“阿门”，表示“唯愿如此，允获所求”。

（3）礼拜。礼拜也基督教的常见仪式之一。礼拜每周一次，一般于星期日在教堂举行。主要内容有祈祷、唱诗、读经、布道等活动。教堂内常置有奉献箱，基督徒可随意捐钱作为对上帝的奉献。

（4）洗礼。洗礼又称圣礼，是基督教的入教仪式。洗礼意味着教徒过去的所有罪过获得了赦免，从此信奉上帝。洗礼的方式有两种：点水礼和浸礼。

2. 基督教的礼仪禁忌

根据基督教的规定，天主教的主教、神父、修女禁止结婚。因此与天主教徒交往时，遇到主教、神父不可问“结婚了没有？”“有几个孩子？”“爱人在哪里工作”之类的问题。此外，基督教神职人员禁止从商，看相、算命、星象占卜等行为也是基督徒的禁忌。基督教重视婚姻，反对一夫多妻，对于已结婚的教徒，不主张离婚。

进入教堂参观的时候应自觉保持庄重、肃穆，仪表整洁干净，衣着不整或穿拖鞋、短裤者是禁止进入教堂的。在教堂内不可东游西逛、嬉笑喧哗，更不可在堂内吃东西、抽烟。基督徒在进行礼拜等活动时，不可东张西望、交头接耳。

## 二、伊斯兰教的文化习俗

伊斯兰教由穆罕默德于公元前7世纪创立于阿拉伯半岛，现主要分布于西亚、中东、东南亚及北非地区。伊斯兰教信徒可通称为“穆斯林”。

1. 伊斯兰教的文化习俗常识

穆斯林的宗教礼仪主要有五大功课，中国亦将其称为“五功”即念、礼、斋、课、朝。念，是用阿拉伯语口念“作证词”。礼，即做礼拜。礼拜是穆斯林一项重要的宗教仪式。礼拜的地点不限，方向朝向圣地麦加，按教规每日五次，要求礼拜时的身心、服装都干净。斋，即斋戒。伊斯兰历的9月是斋月，斋月中，穆斯林每天从日出前一个半小时到日落不吃不喝，戒房事，称作“封斋”或“把斋”，意义在于修炼意志。10月1日斋月结束，是伊斯兰的盛大节日“开斋节”。课，即天课，是“奉主命而定”的宗教赋税。朝，即朝觐。凡有条件的穆斯林一生中必须去圣地麦加朝觐一次，时间不限。

2. 伊斯兰教的礼仪禁忌

（1）信仰禁忌。穆斯林持“认主独一”的信条，穆斯林除安拉外，禁止任何偶像崇拜，禁止在一切物品上绘制人或动物的图像，因此在伊斯兰建筑与其他艺术品的绘图中只能见到植物与几何图形。给穆斯林送礼时，不应赠送雕塑、画像、照片或玩具娃娃，也不宜邀请其看电影、电视、录像，不得邀请对方参加拍摄。

（2）饮食禁忌。穆斯林在饮食方面的规矩很多。禁食的食物有猪肉、动物血液、自死之物，以及一切未按教规宰杀之物。忌饮酒。非清真的一切厨具、餐具、茶具，均不得盛装招待穆斯林的食物或饮料。伊斯兰教历的每年9月斋月期间，有条件的穆斯林会准备一些有营养的食品，如白米、白面、羊肉、油茶、白糖、茶叶等。

（3）服装禁忌。伊斯兰教对女性的服饰要求较多。穆斯林要戴“盖头”，即把头发、耳朵、脖子都遮在里面，只露出面部。妇女除了盖头还要戴面纱，只露出双眼。老年妇女戴白色盖头，已婚妇女戴黑色盖头，未婚少女戴绿色盖头。穆斯林男子多戴一种小帽，一般为白色。参加礼拜等各种仪式时须戴礼拜帽。

（4）交往禁忌。与穆斯林交往时，绝不允许信口评论安拉、穆罕默德，也不得议论伊斯兰教及其教义。穆斯林大多认为左手不洁，与之握手或递送礼物不能用左手，尤其不能单用左手。

伊斯兰教禁止妇女外出参加社交活动，与穆斯林交往时，一般不宜问候女主人，不得单独向女性赠送礼物。在外人面前，妇女着装不得暴露躯体，女性前往伊斯兰教国家时，一定要入乡随俗，禁止袒胸、露臂、赤足。

## 三、佛教的文化习俗

佛教发源于公元前5世纪的古印度，现主要分布于东亚及东南亚。佛教文化也是世界三大宗教中对中国影响最深的一个。

### 1. 佛教的称谓

佛教的教制、教职、称谓等，在世界各国有很大区别。佛教的称谓有很多讲究，如中国将寺院负责人称“住持”或“方丈”，负责寺院内部事物的称“监院”，负责对外联系的称“知客”。佛门弟子依受戒律等级的不同分为出家五众和在家两众，各级弟子皆有特定称谓。

### 2. 佛教的交往礼节

佛教徒的常用礼节是合十礼，也称合掌，即掌心相对，双手合拢，手指向上，专注一心，口念“阿弥陀佛”。一般佛教徒在见面时施合十礼，参拜佛祖或拜见高僧时要行跪合十礼，右腿跪地，双掌相合于眉心中间。佛教徒之间不用握手礼，与佛教徒打交道不要主动伸手与僧众握手，尤其注意不可与尼众握手。

### 3. 佛教的行为禁忌

非佛教徒进入寺庙时，须衣履整洁，不可着背心、穿拖鞋。当寺庙内举行宗教仪式时，不可高声喧哗、随意走动。未经寺内执事人员允许，不可随便进入僧房及寺内不开放区域。另外，严禁将一切荤腥及其制品带入寺院。

非佛教徒进入寺庙时，常会进行烧香祭拜。烧香时要注意香的支数，佛教视单数为吉数，因此烧香时，每炷香必须是单数。

# 第七章　领导干部的接待礼仪

## 第一节　迎接宾客的礼仪

在公务活动中，有着大量的公务接待工作，迎宾是其中的一个重要环节。在接待工作中，迎宾是所有环节的开始，在整个工作中起到重要的作用。迎宾环节是否到位，最能体现主办方的诚意和素质，也最能体现政府机关的礼仪水准。因此，公务人员要高度重视迎宾工作。

作为领导干部，只有认真学习和掌握迎宾工作的礼仪规范，才能在将迎宾的礼仪做到位，体现政府机关的文明素质。迎宾活动的工作要求主要有以下几方面内容。

### 一、迎宾活动的工作内容

一场迎宾活动包括很多方面的工作，公务人员要了解自己在迎宾接待中所担负的角色，明确自己的工作要求和相应的礼仪规范。

1. 明确迎宾安排

接受上级指派的迎宾任务后，要详细了解有关情况，明确迎接的宾客身份，来访的人数、男女比例、职务级别，确认到达地点、到达时间、离开时间等，据此安排好相应的细节工作。

2. 提前安排食宿

食宿要在客人尚未抵达前安排好，有必要时可在活动邀请函中与客人提前商洽。食宿要本着交通便利、就近安排、吃住方便的原则，并照顾客人的身份、民族、习俗、健康状况、生活习惯等。注意住宿的环境是否整洁美观，通信、卫生设施能否正常使用。

3. 制订接待规格

接待规格要事先根据来宾的身份、地位、规格及本单位具体情况来制订。一般的例行性来宾，只需安排好接待时间、地点及交换的资料等；对于首次来访或应邀来访的宾客，还应指派人员或安排交通工具前往机场、车站、码头迎接。有时可高举书写着“迎接×××先生”的牌子，一方面方便双方碰面，另一方面也有表示欢迎之意。对于级别较高的来宾，还要陪同本单位上层领导前往迎接。

4. 安置宾客休息

宾客抵达后，首先应引领宾客至接待地点或住宿地点休息。接待的地点可以在单位会议室或接待室，接待方应提供茶水、饮料等。如果是远道而来的客人，考虑到旅途劳累，理应先引领客人至住宿处休息，再商议活动日程。迎宾人员向宾客告别时，应留下自己的名片或联系方式以便随时联络。

5. 接受宾客访问

宾客的来访可能是由于某些访问性目的。作为迎宾单位应提前了解来访者的目的、要求，及时为来宾提供所需资料，如宾客已和迎宾单位商谈好访问某些地点，接待方要和宾客协商，确认路线安排和行程安排，有时还应指派专人负责陪同。

## 二、精心挑选迎宾人员

安排迎宾活动的重要环节是选择合适的迎宾人员。接待方对此要精心安排。一场迎宾活动的质量，最后还是要通过迎宾人员体现出来。总体上来说，选择迎宾人员尤其需注意以下三点。

1. 数量合理

迎宾人员的数量不用太多，并非人越多越显隆重。迎宾人员只要礼节到位、训练有素、举止得体，足以表达接待方对来宾的重视。大可不必搞“人海战术”，派出数十人的强大阵容，有时这样反而给人接待方不用心的印象。

2. 级别相仿

在公务接待中，尤其是在正规的迎宾仪式上，迎宾人员的身份、职位、级别应与来宾大致相同，或是在部门上对口。如有贵宾特别是外国贵宾时，更要注意这一点。东道主一方与之级别相仿者因故无法前来时，应委托专人代表本人前往，此后应在适当之时前去拜会，或打电话致以问候。

3. 分工明确

一次成功的迎宾活动，每一位工作人员的具体职责要划分明确。参与迎宾活动的人员有负责人员、对口人员、陪同人员等几类。负责人员是指领导干部；对口人员是指来宾的对口单位、对口部门的人员；陪同人员则是指在整个过程中负责陪同、照顾来宾者。这些人员的任务各不相同，只有互相配合到位才能办好迎宾活动。因此，必须明确划分指责，令各方人马各尽其职。

## 三、迎宾活动的注意事项

在具体的迎宾活动，还有以下几个细节问题需要注意。

1. 确定迎宾时间

迎接的时间要提前由双方约定清楚，迎宾人员应提前到达迎接地点，以恭候客人们到来。

2. 选择迎宾地点

通常情况下，公务接待中的迎宾地点选择在机场、车站，来宾下榻的酒店或接待单位专门用于迎宾的场所。

3. 确认来宾身份

迎宾人员和宾客常常是互相不认识，为此有必要提前做好准备，避免错过接待，令双方失散，或搞错迎接对象。可用接站牌、欢迎横幅或身份胸卡等几种方式在交通工具停靠站做醒目提示。

4. 礼貌迎接来宾

迎接到来宾之时，应向来宾施礼致意，主动与其握手，讲几句“欢迎，欢迎”“路上辛苦了”之类的话，必要的寒暄也是不能少的。

5. 引导陪同来宾

迎接到来宾之后，迎宾人员应亲自为来宾带路，陪同来宾前往下榻处或活动地点。路上出了与来宾正常的客套之外，必要时还应向来宾做一些讲解，对某些活动内容进行介绍或提醒。带路过程中的用语要注意礼貌，如“各位请”“请各位往这边走”“请各位留神”“我们现在前往×××地”等。

**四、迎宾活动的程序**

所有参与迎宾活动的工作人员要把每个环节做好，在个细节当中彰显礼节，才能令来宾有舒适满意的感觉。

1. 会面

接待方必须提前到达迎接地点，等待来宾到达。见到来宾后热情打招呼，主动伸手握手，表达亲切问候，同时要说“您路上辛苦了”等寒暄语。若来宾有携带重物应主动接过来，但不能碰来宾的手提包或公文包。对于年龄较长或身体不太好的来宾应主动搀扶，表示关心。总之，对来宾的重视应从接待人员与之会面时的一举一动表现出来。会面这个环节一定不能缺了礼数。

2. 乘车

陪同来宾上车时，接待人员应主动为客人打开车门，由右边上车，然后自己再从车后绕到左边上车。来宾应坐在车后排的座位上，如有不止一位来宾，则遵循“以右为尊”，右边座位留给级别较高者。若主人亲自开车，则应把副驾驶位置留给级别最高的来宾，其余人员坐在后排。在车上迎宾人员应主动与来宾交谈，以表关怀，可聊一些本地的风土人情、旅游景点等。汽车抵达后，接待者应先下车，然后为客人打开车门，请客人下车。

3. 行进与入室

下车后的行进过程中，应让来宾走在右边，迎宾人员走在左侧或走在主陪人员与客人的后面。到达会客室或接待室后，迎宾人员应为来宾打开门，请来宾先进入，将室内最佳的位置留给客人。若客人脱下外套、帽子，或放下随身携带的包裹、袋子，主人应主动接过，替客人放到合适位置，妥善保管。最后，要按照礼仪把客人介绍给在场的有关人员。

## 第二节　送别宾客的礼仪

送别宾客，是在宾客即将离去之际，陪着对方一同行走一段路程，或特意前往宾客启程返还之地与之告别，并看着对方离开，以表礼貌。送别宾客是整个接待过程中最后一个环节。办好了送别活动，就为接待工作拉下了完美的落幕。

公务人员要熟悉并掌握送别宾客的礼仪规范，才能让接待活动善始善终，切不可对送别来宾马虎大意。要在最后给对方留一个美好的印象。

### 一、送别宾客的程序

领导干部要掌握送别宾客的程序，才能令送别活动完美收尾，不出任何纰漏。送别工作的程序如下：

1. 确定送别规格

确定送别的规格应遵循“对等原则”，首先考虑来访者的身份、活动的性质和来访目的，并适当照顾双方的关系，同时要注意不能违反了国家规定和国际惯例，其中有许多内容要综合考虑，做到平衡兼顾。主要迎送人员的身份级别应与来宾相当。如果难以做到完全对等，也应当由职位基本相当的人士或其副职担任主送人员，并适当向对方作出解释。上级机关领导来访，送别时应由接待方主要领导出面，送别的规格也要相对隆重。

2. 安排交通工具

提前了解来访宾客的行程，确认其离程时间，及早预订机票、车票等，安排送行人员和车辆。有时比较隆重的送别活动还需布置宣传，安排礼仪队伍和安全保卫。同时，及早落实送别所需的各种物资用品。

3. 赠送或交换纪念品

接待工作中，有时需要向对方赠送礼品，或双方互赠礼品，以交流沟通感情。接待方赠送礼品的时机一般选在来宾即将动身离开之前。选择礼品要经过郑重的考虑，一般以礼轻情意重为原则，不宜价格过高，否则会有行贿之嫌。礼品以当地特产、活动纪念品为佳，还要考虑对方身份等多重因素。

4. 为宾客送行

送别人员应陪同宾客至搭乘交通工具的机场、车站等，并根据车次、航班时间，安排提前一段时间到达车站、机场，并及早与负责行礼的部门约定好提取行李的时间，通报客人递交行李的时间。到达机场、车站后，一边安排客人休息并派人陪同，一边替客人办理好相关手续。对于规格较高的来宾，有时还需要在机场、车站等地举行欢送仪式，致简短欢送词，以表隆重。

5. 送行的注意事项

送行首先要考虑的是来宾的身份、级别。通常来说，需要安排送行的对象有：正式来访的外国贵宾、远道而来的重要访客、协作单位的负责人、重要合作单位的工作人员、年龄较长的来宾，以及行李较多的来宾等。若来宾要求主人为之送行，主人一般不宜拒绝。

送行的另一条注意事项是选好送行的时间，要同时兼顾两点：一是不可耽误了来宾的既定行程，二是不可干扰来宾的计划。倘若来宾乘坐交通工具直接从下榻处启程，则主人也可到来宾下榻的宾馆、酒店、招待所等地送行。

送行之时，主人要与来宾握手作别。对方启程后，向来宾挥手致意。待对方离去后，自己才能离开。对于级别较高的来宾，必要时还应举行送行仪式。举行送行仪式的地点宜选择在广场、大厅。

## 二、登门向宾客道别

道别是指在与来宾分手之际，与对方打个招呼，讲上几句话，再度表达对这次来访的感谢，并对方来宾送上临行前的问候和祝福。道别是一项重要的传统礼节，也是送别活动的重要环节之一。通常情况下，在双方分别时，宾主双方要互相道别。

道别的礼仪规范需注意以下三个方面。

1. 道别的提出

道别的提出指的是由哪一方先提出道别的问题。按照常规，应由宾客一方先提出道别，若主人先提出来，会给人下逐客令的感觉，引起误会和尴尬。

2. 道别的用语

道别时，宾主双方都会采用一些礼貌用语，表达惜别之情和祝福之意。这时宾客往往会说“就此告辞”“后会有期”。主人应说“一路顺风”“旅途平安”，双方较为熟识的情况下还会互道再见，并叮嘱对方“多多保重”。

3. 道别的行为举止

按照中国的礼仪习惯，道别时，主人一方应先出言挽留，不应对客人的离开无任何表示。来宾告辞后，主人应等客人站起来后再起身，不宜抢先起身。在宾主双方握手道别时，应由宾客先伸手，主人随后伸手。来宾离开后，主人要陪同相送一程或送出一段距离。

### 三、登门向宾客话别

话别，指的在客人即将离去之前，主人专程登门探望对方，并与客人聚谈一番，以表依依不舍之情。话别也是送别礼仪中的常见环节，尤其在规格较高的政务工作中，话别通常是一项不可忽略的重要工作。

1. 选好话别时间

选择话别时间，一是要讲究主随客便，以对方的时间为准；二是要注意提前相告。按照惯例，话别一般是在宾客启程离开的前一天，或离开下榻之处的前夕。在安排话别时间时，不得打扰对方，影响了对方休息，更不能打乱对方安排，干扰对方的预定行程。一切要最先照顾对方的时间行程。

2. 选择话别地点

话别要选择合适的地点，应做到正式、庄严，又不可过于肃穆、隆重。最佳的话别地点是来宾的下榻之处。此外，接待方的会客室、贵宾室，也可在为来宾践行的送别宴会上，趁机与来宾话别。

3. 话别的人员

参加话别的人员应包括：宾主双方，与双方身份、职位、级别相似者，对口部门的工作人员，参与接待活动的人员，等等。接待方的主要负责人或其代表必须参加话别，尤其是在相送贵宾之时。

4. 话别的内容

通常来说，话别的内容包括：一是表达惜别之意；二是听取来宾对本次来访和相关工作给出意见及建议；三是问候对方，还有没有需要帮忙之事；四是向来宾赠送必要的礼品和纪念品。

### 四、举办饯别宴会

饯别，又称饯行，是指在来宾即将离去之际，为其专门举办宴会，以郑重地向对方送别。举办的专门宴会，通常称作饯别宴会。在公务往来中，饯行是送别的一种常用形式。在对方离开之前，特意举办一场饯别宴会，能够体现隆重，表达对来宾的重视，使对方产生被尊重的感受，进而加深宾主双方的情谊。

是否举办饯别宴会，要视来宾的身份、级别，以及东道主单位的自身情况而定。出于节省开支、避免铺张浪费的原则，各级国家行政机关在接待工作之中，不宜大办饯别宴会，如果确实有安排饯行的必要，也要控制在人力、物力、财力上的消耗。各级国家行政机关的接待工作是有不同规定和要求的，要根据相关规定办事，不可逾越规格。其共有的原则是：既要礼仪隆重，又要节约开支。因此，大部分基层单位在正式的接待工作中，不宜为来宾安排饯别宴会。

## 第三节　登门拜访礼仪

公务人员在日常工作中，时常需要拜访他人。公务拜访是根据工作需要进行人际交往的一种常见活动形式。公务人员想达到拜访目的，特别要注重拜访过程中的礼仪要求。无论是主动上门拜访或是应邀而去，都要注意礼节，不可失礼于人。

公务拜访，个人的礼节既是表达了对对方的尊重，也是代表着你的个人素质和所在单位的形象，礼节是否到位影响着对方对你的印象，进而影响办事的成功与否。因此，公务拜访中无论是否有求于人，首先要做到的是不能失礼于人。

## 一、做好公务拜访的准备

公务拜访，想要达到预期的目的和效果，就必须在访问之前做好准备工作，才能最大程度避免拜访时有失礼之处。公务拜访前应做的准备有如下几点。

1. 预先约定

拜访前预约是最基本的礼仪。一般来说，须在到访前三天联系对方，说明拜访的原因和目的，商定拜访时间，得到对方的准允后方可前去。心血来潮的拜访是非常突兀的行为，有时会打扰对方的正常行程安排，是一种失礼的举动。事先约定好，也能让对方提前有所准备，使拜访顺利成行。

2. 明确目的

拜访必须目的明确，避免来到对方单位却说不清自己的来意，会让人觉得你做事草率，缺乏诚意，也会白白耽误双方的时间。因此，出发前要对此次拜访的目的做到心中有数，必要的资料要提前准备好，明确有何需要对方帮助之处，要向对方提出哪些要求，想得到什么样的回应等。

3. 带齐文件

拜访需要携带的文件要提前准备妥当，以免当天匆忙赶到对方单位才发现遗漏了。让对方得知你遗漏了携带的文件，会显得非常尴尬，也会给人留下你缺乏诚意的印象。若是为了返回去拿文件而耽误了约定时间，更是非常失礼的行为。

4. 注意仪容

仪表决定了对方对你的第一印象。肮脏、邋遢的仪表，不得体的衣着，都会对被拜访者的轻视。被拜访者会产生不被你尊重的感觉，这会直接影响你此次拜访的效果。通常情况下，公务拜访时，男士应身着深色西装配颜色素雅的领带，黑色皮鞋，深色袜子；女士宜穿深色套裙、深色皮鞋。在即将达到目的前，拜访人员应重新整理自己的仪容仪表，以求第一印象就给对方留下个高分。总之，仪表的整洁、得体是拜访礼节的重要一环，绝不可马虎对待。

## 二、公务拜访的过程

和对方约定好拜访的时间、地点后，拜访还要按照一定的程序进行，每个步骤都要有礼有节。一般来说，公务拜访大致有以下几个过程。

1. 准时到达

拜访他人需守时守约，这是拜访活动中最基本的礼仪。拜访可以早到但绝不能迟到。宾主双方约定好了会面的具体时间，作为访问者应履约守时，如期而至。如果你迟到了，是严重的失礼行为，不仅是对被拜访者的不敬，也会令被拜访者觉得你不重视此次拜访，对工作缺乏责任性，从而对你产生看法，影响拜访目的的达成。

如果发生了紧急事件或因意外情况导致无法准时赴约，那么必须提前通知对方，让被拜访者能够重新安排工作。通知时一定要说明失约的原因，诚恳地向对方表示歉意，尽可能约定好下次拜访的时间。如果自己无法通知，请别人代你联络。

双方安排好会面时间后，没有迫不得已的理由，不宜随意变动约定时间，打乱被拜访者的行程安排。如果你提前到了，可以充分利用这段时间为拜访做准备，如整理一下仪容，清点一下文件，静心想一想拜访时要说的话。

2. 进门前通告

公务拜访中，若到达约定地点后没有直接见到被拜访者，则不可随意进入，必须经过通报。一般来说，前往大型企业或政府机关单位，首先要向接待人员简单介绍自己的身份，表明自己的来意，待对方向被拜访者通报后再行进入；有时会遇到被拜访者身处某一宾馆、酒店的情况。被拜访者抵达宾馆后，切勿直奔被拜访者的房间，而应有宾馆前台接待人员打电话通知被拜访者，得到同意后再进入；若是被拜访者在公寓、住所。到达后要轻轻叩门或按门铃，待有回音令你进入或有人开门后，方可进入。

3. 适时告辞

若无要事相商，停留的时间不宜过长。拜访时想要商量什么事、谈哪些话题，应事先做好打算。拜访的目的一达到，就应考虑告辞，无谓地耽误主人的时间是不礼貌的。若到了某一时间，主人有其他安排，或要会见其他客人，也应适时告辞。若主人诚心挽留，则可以再留一小段时间。如果主人请你共进午餐或晚餐，饭后应停留一会儿再走，用完餐立刻抬腿走人会显得不礼貌。

辞行时要果断，不要嘴上说告辞，却没实际行动。辞行时要向主人道别，起身时要说“打扰了”，并感谢主人的接见和款待。出门后主动转身与主人握手道别，说“请留步”。若有意邀请主人回访，可在握手道别时提出邀请，凭主人自决是否赴邀。从对方的单位出来后，切忌在电梯或走廊中窃窃私语，以免引起主人误会。

4. 事后感谢

拜访过后，可寄一张书函表示谢意，让对方切实感受到你的真诚。这能使你在对方心中的印象加分，让对方有受到重视之感，增加双方的情谊。这能带来许多好处，日后若再行拜访，或商谈某些合作，成功的概率会提高。

## 三、公务拜访的礼仪要求

1. 衣冠整洁

拜访别人时，衣冠整洁是最起码的礼仪要求。仪表既反映了你的个人素质，也表示了对主人的敬重之意。进入房间之前，要在踏垫上擦净鞋底，不要弄脏了地板。夏天哪怕天气再热，也不能在进屋后脱掉衬衫、长裤。冬天再冷，进屋后也要摘掉帽子，脱掉笨重的大衣和围巾。不可在主人面前说“冷”，以免引起误会。

2. 言行得体

拜会的全过程中，语言要有礼貌，行为举止要大方得体。见到主人时，要亲切地打招呼。若双方是初次见面，拜访者须在向主人致意后简单地做自我介绍，然后与主人大方地握手。如果不是初次见面，也不能缺少了必要的问候。握手时要注意一点，若对方的级别比你高，不宜主动伸出手，否则有抬高自己之嫌，是对主人的不敬。问候完毕，待主人落座后，自己才能坐到指定座位上，坐姿要端正。主人递上烟、茶、果品点心时，要用双手接过并表示谢意，如果主人没有抽烟，自己不应吸烟，以表示对主人习惯的尊重。

3. 切忌啰唆

与主人谈话切忌啰唆，简单的寒暄是必要的，但不应没完没了地客套。因为你必须控制谈话时间，以免拜访应该结束了，你想表达的重点内容还没全部交代清楚。到时无论是没达成拜访目的，还是继续耽误主人的时间，都是不合适的。冗长无意义的谈话也会使主人厌烦，觉得你是在耽误他的宝贵时间。因此，简单的寒暄后，直接进入正题。

当主人说话时，不宜随意打断对方，应认真倾听，把不清楚之处记下来，待对方讲完后再做询问。讲话的语气要礼貌、客气，双方若有意见分歧，切不可急躁、发怒，一定要冷静地进行交流。

## 第四节　会见宾客的礼仪

会面，通常是指在较为正式的场合与别人见面。在日常的工作中，公务人员常常需要会见各种身份的客人。公务人员在会见他人时，尤其是在工作中代表所在单位正式接见来访宾客时，一定要讲究基本的会面礼节。

会见宾客时，对来访对象的热情、友好之情，是通过细节处的礼仪体现出来的。公务人员在会见宾客时，还是有很多礼节讲究的，涉及称呼、问候、介绍、握手等许多方面。公务人员应掌握最基本的会面礼节。

### 一、称呼的礼仪

称呼，是人们在交往应酬中最基本的礼仪之一。称呼的选定，体现着对他人的了解与尊重程度。公务员在正式场合所用的称呼，主要应注意以下几点。

1. 称呼要正规

公务交往中，会见的宾客大部分都有着行政上的职务与级别。据此，宜选用的称呼有四大类。

（1）称呼行政职务。在公务交往中，此类称呼最常用，一般是姓氏+职务，如“张区长”“赵局长”，这样体现了对对方身份的尊重。

（2）称呼技术职称。对于具有技术职称者，特别是具有高、中级技术职称者，称呼对方的技术职称，以示对其在技术工作上的卓越贡献，是一种表达尊敬的称呼法。

（3）称呼职业名称。一般来说，称呼对方的职业名称总是可行的。

（4）称呼常用尊称。也就是用通用的尊称称呼对方，如“×××同志”“×××先生”。

2. 注意称呼的忌讳

公务人员在工作中，要避免一般场合下人们会犯的许多称呼上的错误。如果这样的错误出现在公务交往中，则是十分失礼的。常见的称呼忌讳有如下几种。

（1）忌庸俗称呼。如“张老头”“李大爷”之类，对于生活中熟人之间的称呼还勉强可以，用于正式场合则显得庸俗。

（2）忌简化称呼。人们在日常口语中，会将某些正式称呼简化，如把“王局长”“李处长”称为“王局”“李处”。在公务交往中，这样的称呼就会显得不伦不类，有失礼貌。

（3）忌地域性称呼。有些称呼具有地域性，若在公共场合使用会有失庄重。

（2）忌称呼绰号。一绰号称呼他人是不尊重对方的表现，公务人员在任何场合都不能有此失礼行为。

## 二、问候的礼仪

公务交往中，对他人的问候是表达尊重的基本做法。在会见来宾时，若不主动问候对方，或对对方的问候不予回应，都是非常失礼的行为。公务人员在问候来宾时，也要注意一些基本礼仪。

1. 问候次序

正式会面时，宾主之间的问候是有次序上的讲究的。两个人之间的问候，通常遵循“低位者先行”原则，即双方之中身份级别较低者主动问候级别高者；一个人问候多个人时，既可以统一进行问候，也可以逐一问候。逐一问候时，也应按照级别由高到低进行，有时也会按照年龄由长及幼。

2. 问候态度

问候时的态度对问候的效果有很大影响。敷衍的、随意的、粗鲁的问候，可能会起到反效果。问候来宾时，在态度上要注意以下几点。

（1）主动。既然对方是客，则应主动致以问候，以表示对来者的欢迎与尊重。当他人问候自己之后，要立即回应。

（2）热情。在问候来宾时，应热情而友好，体现出欢迎的诚意，若表情冷漠、语调冷淡，则会给对方敷衍之意，不免令对方觉得受到了轻视，心下不悦。

（3）自然。举止大方得体是公务交往中的基本礼仪规范。问候他人时要表现得自然，忸怩、做作都会给对方留下不好的印象，也不可过于谦卑甚至谄媚。

（4）专注。专注，指的是在问候来宾时，理应双目注视对方的两眼，以示口到、眼到、意到，表达尊重之意。

3. 问候内容

公务人员可直截了当地问好，这种问候方式适用于宾主双方初次见面。也可以自然引入问候，如“远道而来，辛苦了”“最近忙什么呢”。这种情况多用于非正式场合下的会面，或是熟人之间的问候。

**三、介绍的礼仪**

在公务交往中，特别是在人与人初次见面时，介绍是一种最基本、最常规的沟通方式，同时也是一种重要的礼仪。公务人员需掌握的介绍礼仪主要有如下几种。

1. 自我介绍

介绍自己时，首先要本着实事求是的原则，既不要自吹身份，也不可过分谦卑，遮遮掩掩。其次是介绍要简短、明了，只需说明自己的身份职务即可，必要时告知姓名。通常来说，自我介绍的时间不超过半分钟。最后是注意形式。如果是在公共场合，面对不认识的人，只需做礼节性的自我介绍，那么只需告知本人姓名即可；如果是较正式的场合，自我介绍带有公务性质，则本人单位、部门、职务、姓名，缺一不可。

2. 介绍他人

介绍他人亦称第三者介绍，是指第三者为两个互不相识的人所进行的介绍。介绍他人时，首先要注意的是双方的先后顺序。按照惯例，应首先介绍级别较低者，然后介绍级别高者。介绍女士与男士认识时，应男士在先，女士在后；介绍长辈与晚辈认识时，应晚辈在先，长辈在后；介绍客人与主人认识时，应以主人在先，客人在后；介绍上级与下属认识时，应以下属在先，上级在后。

3. 介绍集体

介绍集体，是指被介绍的一方或双方不止一人。介绍集体时同样要讲究双方的先后顺序，同时，又要根据双方人数的情况采用不同的形式。

（1）单向式。当被介绍双方一方为一个人，另一方为多人时，往往只把个人介绍给集体，而不必再将集体介绍给个人。介绍的过程是单向的。

（2）双向式。当被介绍的双方都是由多人组成的集体时，应将双方的全体成员一一介绍给对方。在公务交往中，这种双方都为集体的情况较为多见。这时，最先出面介绍的人一般是主人一方的接待人员或主要负责人，依照主方人员职务的高低，按由高到低顺序逐一介绍；然后由客人一方的负责人出面，同样依照职务的由高到低逐一介绍客方的全体人员。

## 四、握手的礼仪

在接见来宾时，无论双方是初次见面或彼此熟识，都会行握手礼。握手礼也是公务交往中比较常见的礼仪之一。公务人员在会见宾客时也要注意握手的礼仪要点。

1. 握手的方式

握手的具体方式颇有讲究，其中具体的注意事项有四点。

（1）神态。握手时的目光和表情非常重要。与他人握手时，应当目视对方双眼，面含微笑，态度亲切，并同时向对方致以问候。

（2）姿势。以他人握手时，首先要起身站立，坐着握手是不合礼节的。站起身后在距离对方约1米处伸出手，双方手臂的高度基本与地面垂直，双手相握后上下晃动一两下。要注意握手的力度既不可过重也不能过轻。若用力过重，会是对方感到不舒服，若用力过轻，又会有敷衍对方之嫌，表达不出诚意。

（3）时间。通常情况下，在普通场合与他人握手所用时间在3秒钟左右为宜。

2. 握手的顺序

握手时，同样讲究伸手的先后顺序。按照惯例，应由身份级别高者首先伸出手来，反之则是失礼行为。女士同男士握手时，应由女士首先伸手；长辈同晚辈握手时，应由长辈首先伸手；上级同下属握手时，应由上级首先伸手。宾主之间握手时则分场合：客人初到来时，应由主人首先伸手，以示欢迎；客人告辞时，应由客人首先伸手，反之则会有下逐客令之嫌。

# 第八章　领导干部的新闻媒体礼仪

## 第一节　新闻媒体的选择

如今人类已进入信息时代，在一个信息十分发达的社会中，新闻媒体的作用越来越大，已成为一支不容忽视的力量。政府机关在工作中与新闻媒体合作是十分必要的。领导干部不仅要懂得如何利用媒体，也要知晓如何选择媒体。

媒体承担着引导社会舆论的重要作用，是政府的重要喉舌。新闻媒体的舆论口径影响着政府机关在人民大众心中的形象。因此，领导干部在选择、运用媒体时，一定要把握好原则，掌握好技巧，以求借助新闻媒体维护良好的组织形象。

### 一、配合工作需要选择媒体

信息社会的一大特征就是信息传播的渠道丰富多样，人们获取信息十分容易。根据新闻传播学的理论，人们对媒体的选择具有一定的倾向性与固定性。人们在收听一段新闻节目或购买一份报纸时，总是带有一定的心理预期，这种预期来自既有的、固定的需求。要改变这种需求，打破个人偏好这层传播壁垒是相当困难的。人们总是倾向于阅读、观看、收听与自己原有知识和认识具有一致性的媒介。

另外，随着新闻传播事业的不断发展、革新，媒体愈发精确化、小众化，每个媒体都致力于某个精细的专业领域，并且在这个领域培养了稳定的读者（观众、听众）群体。人们都有稳定的信息来源，而这个来源的传播范围越来越窄，他们的兴趣也越来越专业化、精确化。

因此，领导干部在公务活动中必须慎重选择媒体。选择的媒体是否合适，对能否达到政府机关预期的传播效果有直接影响。选择媒体一般应遵从以下原则。

1. 明确受众

首先确定传播的目标受众，即根据自身的需要，明确信息想要传达给哪些群体的哪些人，只有锁定了受众范围，才能正确选择相关渠道的媒体。明确受众后，研究不同媒体的读者定位、编辑方针、内容类型等，参考客观数据，最后选定目标受众最常用的、最喜欢的媒体。

2. 公信力较强

媒体也存在公信力的强弱之分，例如在危机事件的发生、传播过程中，人们虽然喜欢从多种信息渠道打探各种小道消息，但只有他们最信任的媒体发布的信息，才会被他们视作真相。在这一点上，媒体自身的信誉具有决定作用。随着互联网的高速发展，各种自媒体层出不穷，但公信力最高的媒体仍然是官方的媒体机构，如《人民日报》，人们仍然会选择相信官方媒体所报道的事实真相，乐于接受它所倡导的舆论。因此，确定需求后，根据媒体的公信力去进行媒体的取舍。选择好的媒体，传播效果才有保障。

3. 配合默契

在这个信息爆炸的时代，关于一件事的信息传播，往往是真假难辨，各种流言、谣言甚至比真相的传播速度更快。在这种信息环境下，人们需要正确的舆论引导，当人们不知该如何认识一件事、不知该相信谁的时候，政府应引导人们朝正确的方向思考，避免被假消息、谣言混淆视听。这个过程需要政府与媒体的配合。政府具有信息来源的权威性，媒体具有引导舆论的传播手法。当舆论尚未完全形成时，媒体必须能配合政府机关，将舆论方向朝着政府确认的工作目标引导。因此，媒体行动要与政府行动同步且目标一致。

## 二、把握好运用媒体的“度”

在公务活动中，对媒体的运用要把握好一个“度”，这个“度”就是基本法则。运用媒体有两大基本法则。

1. 争取媒体的支持

争取到媒体的支持，对政府机关开展工作是十分有利的。然而，很多领导干部没有彻底明白这个道理。许多组织对媒体抱有抵触情绪，特别是发生了危机事件时，处于事件中心的组织有时会一味地反对媒体报道危机事件，觉得这是在给自己找麻烦，因此对媒体抱有敌视态度。领导干部要清楚，媒体是引导和监督舆论的重要力量。媒体必须依靠国家政策指引工作方向，同样地，政府机关也有责任支持媒体的正常工作。

争取媒体的支持，在任何工作中都是非常必要的。获得了媒体的支持与帮助，有利于政府机关顺利开展公关活动，维持自身形象，化解与人民群众之间的误会，减少不必要的矛盾。媒体和政府机关理应站在统一战线，共同为人民服务。盲目地排斥媒体甚至阻碍媒体的正常工作，只能是搬起石头砸自己的脚，将自己置于舆论漩涡中的不利地位，其结果是得不偿失的。对此，领导干部必须要有清醒的认识。

2. 监督媒体的工作

政府对媒体的正常监督，是为了防止媒体报道扭曲了事实或者在报道时采取了具有负面影响的方式。媒体在报道一件事时，有时会因为业务不熟练、掌握信息不完整而出现有偏差甚至错误的报道。因此政府对媒体进行监督是十分合理且必要的。

通常情况下，一旦媒体对某个公共事件的报道出现了失误，这个错误会被大范围反复地传播到社会各个角落。由于人们对媒体信息的依赖与信任，错误的信息同样会在公众的认识中深深扎根，结果是流言挤占了真相的位置，我们称之为“危机蔓延”。因此，从一开始的信息发布就是媒体运用的关键部分。监督要从信息的传播源开始落实。当发现新闻媒体报道了错误事实或采取了具有负面影响的方式，政府要及时介入，将报道引向正确的方向，避免错误扩大化。具体的方法，应根据错误的严重程度采取不同手段。

（1）如果错误不足以引起公众的注意，或只是一个很快会被忘记的小失误，则只需向媒体指出并提醒即可，甚至无需采取行动。

（2）当媒体的错误足以引起纠纷或形成不利于己的舆论时，应以职业化的、不对抗的方式告诉记者和编辑，希望媒体在进行下一篇报道时进行更正。

（3）如果记者和编辑不进行更正，那就要投诉到媒体的主管、主办单位，要求更正并道歉。这个过程中要注意实事求是，投诉必须有真凭实据，不要在内容中掺杂个人感情因素。

（4）如果以上措施都得不到有效的回应，只要诉诸法律解决问题。

## 三、不被媒体错误的声音左右

政府在对媒体的利用过程中，一定要注意不能被媒体的错误观点干扰了自己的工作方向。在当今社会，随着自媒体的快速发展，每个人都有了在全社会面前发出声音的机会，这本是加强民众传播权与监督权的好事，但也使得部分人利用手中的媒体资源散布虚假信息、制造错误舆论。每当危机事件发生时，总有少数别有用心的人趁机误导大众，以谋取私利。

然而，政府不是少数人私利的代表，而是全中国人民根本利益的代表。媒体也不应为少数人服务，而应为全体人民群众服务。政府机关在社会主流舆论，尤其是涉及价值取向和大政方针的问题上，一定要坚持站在国家和人民的立场，不被任何错误声音干扰。面对这些错误的声音和舆论，不可冲动、莽撞，要通过冷静的、正确的处理方法，借助权威媒体的帮助，通过传播技巧，抢占舆论阵地，令一切流言、谣言、恶意的攻击没有立足之地。

## 第二节　面对新闻媒体的礼仪

媒体是大众了解官方信息的渠道，媒体既要受到国家监督，又对政府工作形成舆论监督。记者被国际上被认为是“无冕之王”，即是说媒体监督力量的强大和重要性。因此，领导干部在与媒体及新闻记者打交道的过程中，必须尊重对方，平等相待。

无论从工作需要或是政府形象考虑，领导干部只有以开放的、平等的、真诚的态度面对媒体，才能赢得媒体的支持，提高政府公信力。那种粗暴无礼、拒不配合采访的行为既失礼，又不利于政府开展工作。

### 一、应对新闻媒体的原则

任何一个机关组织，只要与人民群众打交道，就必然要受到媒体的报道、批评与监督。如今随着互联网的发展，人民群众越来越喜欢通过网络平台与自媒体渠道获取信息。但尽管如此，传统媒体仍然具有无可取代的权威性。因此，领导干部要积极配合传统媒体，在具体过程中掌握应对原则和相应的礼仪。应对传统媒体的原则主要有尊重、平等、诚实三方面。

1. 尊重

尊重是应对媒体的基本礼仪。在媒体面前要多用尊称、敬语，语言要礼貌，不可用侮辱、挖苦、讽刺的语言，寻衅滋事、挑拨矛盾的语言更不能用。这不仅是对特定媒体的尊重，也是对整个媒体行业，以及全体媒体工作者的尊重。

2. 平等

对待媒体要有平等的态度，不要视媒体如洪水猛兽，但也不必过于谦卑。把记者当成平等的同事，相互尊重、友好沟通。在媒体有要求时，及时提供给媒体所需的素材。配合媒体的采访是领导干部的重要工作内容，但领导干部也不必把媒体当成神一样供奉，不可对媒体的工作听之任之。

3. 诚实

领导干部在接受媒体采访时，不得隐瞒真相，应该帮助记者快速、高效地了解情况。如果政府不及时公开权威信息，记者必定想方设法从各种渠道打听信息，并对政府机关抱有怀疑甚至敌意，这可能导致他们在报道时犯下某些错误甚至歪曲事实，这对政府机关是十分不利的。

## 二、自觉主动地与媒体合作

要与媒体合作，首先就要了解媒体的工作性质与职业习惯。媒体注重的是新闻的影响力，推出的新闻要有人喜欢看、喜欢听。媒体是一个兼具公益性和商业性的行业，媒体的工作性质，是在兼顾自身利益的同时服务社会。媒体的经济收入主要来源于广告，还有一部分策划及活动收入。把握了媒体的这些基本禀性，寻找与媒体合作的方法也就较为容易了。与媒体的合作应做到以下几方面。

1. 主动寻求合作

通过请媒体中有影响力的人作为自己单位的宣传顾问（或其他相关头衔），建立自己单位的新闻传播渠道，并通过宣传顾问的影响力，将宣传效果扩大化。

2. 不断联系

和媒体的关系不能过眼就忘，要与媒体维持长久的联络及友好的关系。如经常向媒体通报一下自己单位的发展情况等。

3. 挖掘自己单位的新闻潜力

如果能善于挖掘自己单位的新闻潜力，不断提供有价值的信息给媒体，自然利于和媒体保持联络、建立感情。因为对媒体来说，新闻价值的大小永远是他们在工作中的首要考虑。媒体重视本单位的新闻，还能提高本单位新闻的价值。

4. 广撒网

每家媒体在内容、题材的侧重点上都会有所不同，在每张报纸、每期电视节目中，对不同新闻的取舍都是具体且灵活的。因此，在本单位信息的发布上就有必要广撒网，扩大传播范围，并加大与媒体的合作力度。可与媒体共同策划活动，或帮助媒体挖掘新闻资源，这对政府机关与媒体来说是互利互惠的做法。

## 三、应对媒体需注意的细则

领导干部在应对媒体的过程中，把握一些细则也是十分必要的。这样有利于领导干部在媒体面前有效沟通，从容应对。

1. 与媒体换位思考

把自己摆在记者的位置上，了解记者的工作，尊重他们在报道公共事件时的职业责任与职业精神，这样有利于赢得媒体的好感和信赖。

2. 保持有效的沟通和互动

有些机关单位在与媒体沟通时，总是缺乏应有的诚意。但媒体报道的信息对他们有利时，他们态度恭敬，极力配合，而当媒体对他们有所质疑、批评时，他们就躲躲闪闪，拒不配合，冷眼相对。这种行为不仅会招致媒体的反感，还会给双方的沟通交流造成极大障碍。所以，无论在媒体赞扬或批评的时候，都应积极配合媒体的工作，想与媒体保持长期的友好关系，这是很重要的一点。

3. 提供真实有效的信息

有些机关单位出于对自身形象、利益的考虑，给媒体提供一些虚假的、无效的信息，造成媒体报道失真。在这个信息发达的时代，没有任何真相能够被长期埋没，一旦被群众或其他媒体单位澄清了真相，除了会损害政府公信力，对发布错误报道的媒体的名誉也是很大的打击。这必然造成媒体对政府机关的不满。因此，政府提供给媒体的信息必须是真实有效的，否则只会造成政府和媒体的双输局面。

4. 帮助媒体了解自己

媒体采访某个机关单位时，目的就是获取更多有价值的信息。很多信息，记者可能没有其他获知的渠道，或是没有足够的时间和精力去四处打听这些信息。政府应为媒体提供这些宝贵的信息，让媒体能更容易地把这些事实传达给受众，这样既方便了媒体的工作，增进了与媒体的感情，也有助于降低错误报道的发生概率。

## 四、掌握应对新闻记者的基本策略

应对记者是与新闻媒体打交道的重要环节。记者的提问与态度，往往代表了这一家媒体的报道方向。因此，领导干部一定要正确地面对记者，克服轻视记者、回避采访、盲目应对等常见的错误做法。应对记者，有一些需要特别重视的地方。

1. 以诚相待

领导干部在面对媒体、记者之时，首先要端正思想认识，对自身与记者之间的关系有个正确的定位。很多领导干部本身是新闻媒体机关的上级，但在面对媒体时，所有人都是被采访、被舆论所监督的对象。这一步意识中的角色转换是必不可少的。

完成这种角色转换后，领导干部才能以平等、坦诚、友好的态度面对媒体、面对记者。面对记者的采访，要多提供帮助，少指手画脚；多讲现实，少谈规划；多讲措施，少谈规划；同时，领导干部无论是接受采访还是回答问题，都要实事求是；不可夸夸其谈；要积极回答，不要消极逃避；要胸怀坦荡，不要含混暧昧；要敢于负责，不要推卸责任；要冷静平和，不要暴躁易怒。

2. 主动配合

身为领导干部，不能以回避问题的姿态面对记者采访。要大大方方、坦坦荡荡地以事实为基础回复记者。正视记者的提问，也是正视存在的问题、力求解决问题。机关单位要给媒体和群众留下不推卸责任、不回避问题的印象，这样才能建立与群众的情感联系，推动矛盾的化解和问题的解决。新闻媒体在这方面发挥的作用是不言而喻的。因此要积极的配合记者的提问，激发记者为机关单位做有利报道的热情。

3. 保持理智

随着政府执政信息的透明化和舆论环境的完善，在采访政府机关单位时，记者提的问题也越来越富于挑战性，面对记者不讲情面的尖锐提问，领导干部要保持理智，有效地控制好自己的情绪。不要试图打压记者，而是要通过自己稳妥的言行、友好的态度，彰显政府的坦荡与自信，给民众留下良好印象。

## 第三节　面对网络媒体的礼仪

随着网络的发展进步，民众越来越多地通过网络媒体获取信息。网络媒体已成为影响社会舆论的重要力量。网络媒体具有许多与传统媒体迥然有别的特点。领导干部要积极投身建设网络文明的行列中，善于利用网络媒体，还要学习和掌握应对新兴网络媒体的礼仪。

网络媒体的出现和发展，在促进经济发展与社会进步的同时，也造成了许多负面影响。领导干部不仅要充分发挥网络的积极作用，还要极力消除网络的负面效应，如何应对网络媒体，对领导干部来说是一场不小的挑战。

### 一、认识网络媒体的特点

相对于传统媒体，网络媒体具有开放性、快捷性、互动性、多媒体并存、检索方便等新的特点。领导干部想要利用好网络媒体，首先要充分了解它有哪些独特的功能与特点。

1. 网络媒体的独特功能

概括地说，网络媒体具有三方面功能。

（1）传播功能。互联网的产生使人类社会发生了天翻地覆的变革，这种变化也体现在传播领域。互联网融大众传播、人际传播于一体，门槛低，反馈及时，互动性强，其信息量的庞大是传统媒体无法与之相比的。这使得网络媒体成为当今社会信息传播最方便快捷的渠道。

（2）协调功能。网络媒体具有协调社会关系的作用。尤其是在公共事件的传播中，由于网络传播的快捷性与广泛性，它已成为不同地域的人聚集讨论某一社会事件的主要平台。

（3）监督功能。网络媒体的监督功能表现为网民在互联网上以传播新闻事实的方式对社会事务进行监督，以及在微博、新闻评论区等平台发表意见对社会事件进行评价。它借助平台形成舆论，促进社会问题的解决。

2. 网络媒体的传播特点

网络媒体具有开放性，如微博、论坛、网页评论区等，这使得每一位网民都获得了传播权，他们在网络平台发表声音、交流意见，形成了一种公共领域，具体说来有以下四方面特点。

加强了民众的话语权。网络平台几乎没有门槛，加之用户的匿名性，这就为民众提供了一个畅所欲言的平台，大量网民的声音在此交流、碰撞、汇总，形成了强大的舆论力量。

汇集了广泛的民意。无论是何种身份、职业、文化程度、经济收入的网民，只要会上网，都可以在网上发表自己的意见。因此网络上的意见来源非常广泛。平民或草根的舆论最能真实反映社会心理和社会情绪。网络舆论，是民意的最真实代表。

## 二、领导干部要做践行网络文明的表率

领导干部作为一个特殊的群体，是社会的骨干力量，其行为举止在社会上具有示范效应。因此，在建设网络文明的进程中，领导干部必须要做好表率。

1. 正确认识网络政治

网络政治是指网络信息技术给政治制度、政府管理等领域带来的新型政治现象的总和。随着网络的迅猛发展，网络政治已经成为我国政治生活中的新事物，为我国政治发展带来了许多新的变化。最主要的变化是拓宽了民众参与政治的渠道，增加了参与的广度与深度，促进了民主政治的发展。

当然，网络政治带来的并不全是福音，网络政治也存在一些潜在的威胁，如不理性的政治参与、国家信息安全等。我国的网络政治建设还有很长的一段路要走。然而，不能因为存在这些缺陷，就否认了网络政治的进步性。领导干部要正视这种变革，积极研究网络政治的特点和发展规律，趋利避害，充分发挥网络政治在政府机关执政中的积极作用。

2. 严于律己，做文明上网表率

由于网络的匿名性，很多人在网络世界里放松了对自己的要求，不注意言行举止的文明规范，甚至做出一些践踏法律红线的事，如在网上浏览不良信息、参

与网络暴力、沉迷网络游戏等，这些在生活中已是屡见不鲜的现象。领导干部要坚决和这些不良行为划清界限，保持自身良好形象，强化自身修养，抵御网络垃圾的侵蚀，为民众做出良好表率。

3. 引导群众文明上网

网络的迅猛发展，引发了网络诈骗、网络色情、网络暴力等一系列问题。利用网络造谣诽谤、侵犯他人隐私权之事层出不穷。社会突发事件在网上舆论的发酵和放大不断考验着社会稳定的承受力。因此，建立文明上网意识的任务，不可谓不紧急，不可谓不重要。在这方面，领导干部任重道远。领导干部应当树立表率，为网民普及相关法律规范，唱响网络精神文明建设的主旋律，增强网络世界中社会主义精神文明的吸引力和凝聚力。

**三、领导干部要学会融入微博角色**

在众多网络媒体中，微博是一个突出代表，也是当前对社会事物影响最大的网络舆论平台。开通微博，是很多政府机关与领导干部建设网络政治的主要形式。因此，领导干部想要充分发挥网络媒体的优势，必须学会融入微博角色，掌握使用微博的礼仪规范。

1. 注意身份转换

领导干部的微博与其他微博不同，它具有官方色彩，网民往往将其视作官方声音的代表，领导干部的私人属性被弱化了。因此，领导干部在使用微博时要摆脱自身立场，站在更高的角度思考问题、分析问题与处理问题，谨慎地在网络上“发声”，特别是要准确把握好自己的个人形象与政府公共形象之间的关系。

个人在微博上发表内容时，常常会随意一些、轻松一些，而领导干部在发微博时，要谨慎行事。很多时候，网民很容易把领导干部在微博中发布的内容与政府的形象和立场联系在一起，所以，领导干部在微博中的任何不当言论都将对所在政府机关形象造成负面的影响。

2. 把握交流尺度

领导干部在使用微博时，既不能忘记微博的“官方立场”，又不能让官方色彩太重，把微博的风格弄得和传统媒体一般无二。实践证明，一些政府机构和领导干部的微博采用一般网友的语气和语言风格进行交流，取得了良好成效。这说明，领导干部在利用微博时，不能把自己放到离网友太远的位置，和网友拉近距离，坦诚交流，才是微博议政的正确方法。

一方面，领导干部要守住内容和语言风格的尺度，做到遵循法规政策，不清楚的事不能乱说；另一方面，又要能够驾驭微博上的语言风格，或生动活泼，或幽默风趣，或机敏睿智，这样才能达到既树立良好政府机关形象，又加深与网友交流，发挥微博议政优势的目的。

3. 注意谈吐礼仪

领导干部在微博上的礼仪，主要通过微博的内容来体现，所用的文字、表情和语气，处处渗透着网络文明礼仪的要求。

（1）讲究文字风格。微博的文字既要生动、风趣，又要注意文明礼貌，不可采用低俗、粗鄙的词汇，也不可采用断章取义、制造惊悚等手段吸引眼球。

（2）友好对待粉丝。对于关注微博、在微博下留言的广大网民，要始终报以真诚友好的态度，一视同仁，用亲切谦逊的语气口吻和严谨负责的态度与对方进行交流，给网民留下良好的印象。

（3）巧妙利用私信。私信是微博上一种进行私密对话的功能。如果有一些敏感性问题不宜公开交流，那么不妨私信对方，同时要注意，如果没有必要进行私下沟通，那么尽量不以私信形式来处理，以免令对方产生反感。

## 第四节　面对外国媒体的礼仪

领导干部在国际交往中，特别是在出国访问期间，不可避免地要面对外国媒体。在应对外国媒体时，领导干部既要注意接受媒体采访时的一般要求，又要意识到外国媒体的特殊性，掌握应对外国媒体的特殊技巧。

外国媒体具有许多不同于我国媒体的特点。例如，外国媒体大多不属于国有，他们的观点与政治倾向各不相同。由于国际传播秩序的不平衡、外国人长期对中国缺少了解等原因，外国媒体在报道中国有关信息时，常有许多不客观、不正确的做法。因此，领导干部在面对外国媒体时，既要遵守纪律、注意分寸，又要机智沉着、应对得体。

## 一、了解媒体的政治倾向

在国外，大多数媒体虽然标榜自己的“政治中立”，但在实际的报道中会无一例外地表现出一定的政治倾向性。由于外国媒体的政治倾向各不相同，如果不事先对其进行了解，很可能在接受采访时出错。领导干部主要应从三方面了解其政治倾向。

1. 合法性

在许多国家中，媒体有合法与非法之分。在接触外国媒体前，务必要了解清楚该媒体的合法性。对于非法媒体，坚决拒绝与之接触。对于合法媒体，则不必回避。

2. 属何种势力

外国的媒体大多属私人所有，背后是各大财团的支持。因此在外国的大型媒体背后，都有强大的财团作为后台。在国外的政治体制下，大财团又往往与各大政党关系密切。媒体就这样与党派势力形成了联系。因此，就本质而言，外国媒体都是各大党派的喉舌。疏忽这一点，搞错了媒体的政治立场，不免犯媒体之大忌。

3. 实际影响

除了党派势力与财团势力的支持外，外国媒体也同样受到社会认知度、受众规模、自身传播实力、地域性等因素的限制。这使得外国媒体在不同地区、不同领域内具有不同程度的影响力。领导干部在接触外国媒体前，有必要对其实际影响进行一定的了解。

（1）应看其是否属于官方媒体。所谓官方媒体，通常是指具有官方背景或由官方支持、操控，反映官方政治立场的媒体；所谓非官方媒体，则是指没有官方背景、不受官方资助的媒体。在政治形势不同的国家中，官方媒体与非官方媒体所发挥的实际作用往往大相径庭。

（2）应看其是否属于主流媒体。所谓主流媒体，通常是指社会认知度高、受众规模较大、自身实力和影响力强大的媒体；所谓非主流媒体，则是社会知名度低、受众规模较小、影响力较弱的媒体。接触外国媒体时，自然要以主流媒体为先，但也不能过分轻视非主流媒体的态度和观点。

## 二、统一口径，保守秘密

领导干部在应对外国媒体时，一言一行都关乎国家形象与国家利益。可谓事关重大，不能不谨慎，再谨慎。因此，应对外国媒体时首先要求统一口径，并注意以下几方面要求。

1. 统一行动

对于一些重大问题，哪些能讲、哪些不能讲、应该如何讲，我方应对所有接触外国媒体的人做出具体规定，这样才能方便我方人员统一行动。

2. 保守秘密

在应对外国媒体时，我方有关人员必须遵守保密规则，绝不允许擅自向外方泄露我方的机密，也不可口无遮拦、信口胡言。

3. 专人发言

当组团出国访问时，应提前指定某一位成员担任本次的“新闻发言人”，由其出面专门负责应对外方媒体，统一回答媒体的问题。这样，我方人员就不会出现口径不一致、说法有冲突的问题了。负责发言的人要具备深厚的专业知识，丰富的外事经验，口才过人，表达清晰，并且善于临场应变。

4. 提供文稿

在接受外国媒体采访时，为了防止对方误解我方传递的信息，按照常规，应向对方提供一份认真准备的新闻稿，以供对方发稿时核对与借鉴只用。

## 三、主动联络外媒

在外事交往，尤其是出国访问期间，外国媒体是一个不能逃避的问题，随时、随地都可能在意料之外的情况下接触外媒。因此领导干部必须提高警惕意识，做好充分的准备工作，以求在接触媒体时胸有成竹。

为了争取与外媒打交道时的主动权，我方在与外方交往时，应尽可能多交朋友、广结善缘，极力争取自己的外媒资源。在任何情况下，只要不违背外事纪律，我方应按照统一部署，主动与外媒进行联络，并在双方达成共识的前提下，与之保持经常性联系。与外媒保持长久联络有三重好处。

（1）可以加强与外媒的互动，提高外媒对我方情形的了解，一点一滴修正外媒对中国的很多错误认识，减少他们的歪曲性报道。

（2）可以深化与外媒的情谊，在一定程度上得到对方的理解和支持。

（3）可以有更多机会对外媒进行正式的、非正式的宣传，主动向其传播信息，争取外事活动中的传播主动权。

**四、谨言慎行，避免失误**

面对外国媒体，自然少不了回答各式各样的问题。回答问题时，领导干部要严格把控自己的一言一行，力求不出差错。由于当今社会媒体影响力的无孔不入，我方人员在外事活动中，无论是公开讲话，或是私人交谈，都代表着国家形象，都会成为外国媒体关注的焦点，从而被广泛报道，影响我国的国际形象。

1. 正面回答问题

无论外国媒体问什么，都要进行回应。即使是难以正面回答或不便回答的问题，也要以委婉的方式给出回复，不可闭口不言，或简单以“不清楚”“不便答复”回应。

2. 坚持讲真话

回答外媒提问时，领导干部必须坚持每一句话都是真话，绝不可自欺欺人。即使是难以回答的问题，也不可用假言假语敷衍。一旦讲了假话，被外国媒体识破，必然严重损害我国的国际形象。善于巧妙回答媒体的问题，是领导干部必须练就的一项基本功。不论对方的提问是“和风细雨”或是“狂风暴雨”，领导干部都要泰然自若，从容应对。

3. 及时弥补失误

应对外国媒体时，一旦出现失误，要尽可能采取一切必要措施，及时进行补救，避免错误的不良影响扩大化，酿成大祸。弥补失误的方法有以下几种。

（1）现场弥补。在现场应对媒体时，一旦自己出现了某种失误，应采用灵活的方式，巧妙地更正说法，对错误进行弥补，切勿置之不理。这需要发言人具有一定的随机应变能力。

（2）事后弥补。假如事后发现我方应对媒体时有失误之举，也应在力所能及的范围里采取一切可能的措施进行补救。

（3）总结教训。每次应对外媒之后，一定要认真收集相关媒体的报道，对其进行详细分析，对于发现的问题要探究原因，设法予以补救，并总结经验，下次遇到相似情境时，能够采取更合适的应对方式。

# 下篇

# 领导干部的个人礼仪

# 第一章　领导干部的个人形象礼仪

## 第一节　领导干部的仪容仪表

仪容，指人的外观、外貌。在政务活动中，尤其是在公共场合，仪容会在第一时间引起交往对象的关注，进而影响对方对你的整体评价。一个合格的公务人员，必须时刻在意自己的仪容，因为它所代表的不只是自己的形象，还代表所在单位或部门的形象。

良好的仪容，首先要干净整洁，端庄得体，还应朴素大方、干练精明。为此，每一个领导干部都应当遵循政务礼仪的规范要求，为自己和所在单位树立良好形象。

### 一、明确仪容礼仪的基本要求

古语云："君子之修身也，内正其心，外正其容。"领导干部须时刻不忘对自己的仪容进行整理修饰。领导干部的仪容礼仪的基本要求主要有以下几个方面。

1. 整洁干净

干净、整洁、卫生，是对一个人仪容最基础的要求。保持外表的干净整洁，既是为了给他人留下良好的印象，也是自尊自爱的表现。

2. 端正庄重

整洁干净是所有人仪容的基本要求，而端正庄重则是公务人员仪容的基本要求。领导干部身为国家公职人员，仪表应当端正庄重，不可追求花哨、个性、另类，因此公务人员在修整自己的仪容时，要使仪容端庄、斯文、一切显得轻浮、怪诞的妆容都是不允许的。

3. 素雅朴实

领导干部的仪容应简洁、明快、朴素，不需要过分的修饰和雕琢，而要以简朴自然为上。

4. 得体自然

一个人的仪容要与他的言行举止相适应，与个人条件相吻合，这就是所谓的得体。领导干部行事要干练、大气，因此妆容要以得体自然为加。领导干部无论是男性或女性，仪容修饰都要做到得体，才会显得自然大方。

5. 协调美观

所谓仪容的协调，包括三个方面：一是全身协调，即面部仪容与发型、服饰相协调，力求使整个人凸显出简朴大方、精明干练的气度；二是角色协调，即仪容要符合自己在工作中扮演的角色和负责的工作；三是场合协调，即仪容装扮要与出席的场合相搭配。

## 二、面部仪表的基本要求

无论男性女性，最忌讳的就是面部不洁。面容整洁是仪容得体的核心要求。即使工作中没有时间把面容修理得很精致，至少也不该不修边幅，否则会让人觉得不礼貌。

具体来说，男性应每天早晨剃须，胡子拉碴是非常失礼的。女性应适当地化点职业淡妆；无论男女，每天早晨清洗面部是必做的工作。眼角不能留一丝分泌物，眉毛也可以适当修整。还要注意清理鼻腔，鼻腔里如果有鼻涕等异物，不仅自己不舒服，在别人眼里也非常不雅观。但要注意，不宜在公共场合清洁鼻子，因为擤鼻涕和挖鼻孔都是很粗俗的举动。平时洗头、洗脸和洗澡的时候，最好还应顺便清理一下耳朵。如果耳内的分泌物露在耳朵外面，那也是非常不美观的。

有些男士的毛发比较重，会有一些耳毛或鼻毛。千万注意不要让它们外露。耳毛、鼻毛外露是极不雅观的。这一点也是很容易被忽略的。为此，最好养成定期修剪的习惯。

修整面部时最好顺带注意一下口腔卫生。有些人喜欢抽烟，或者吃刺激性的食物，如大蒜、韭菜、有鱼腥味的东西。在公务交往场合，与他人说话时口中有异味，给他人留下的印象必定很差。最好的办法就是尽量不吃此类食物，尤其是不要在中午吃这些食物。如果非得吃，饭后适当地对口腔异味进行清理，可以刷刷牙，漱漱口，或嚼一块口香糖，用口洁喷雾剂清理一下。

### 三、修剪发型的基本要求

头发是个人仪表的重要组成部分。正常情况之下，人们观察一个人时，发型会对第一印象产生很大影响。领导干部的发型，总体要求是传统、规范，不宜追求新潮另类，不然会有失体统。修剪自己的发型时，应注意以下几方面。

1. 保持头发整洁

头发应至少三天洗一次，夏天尽量每天都洗。清洗头发的要求是无异味、无头皮屑，洗完头后要勤于梳理，不能让头发乱糟糟的。头发要勤于修剪，头发太长也会给人不整洁之感。每天在出门之前，换装和摘帽之后，记得顺手梳理，但梳理头发不宜当众进行。

2. 头发长短适宜

男性和女性的头发长短要求不一。男性领导干部以短发为主，前发不覆额，侧发不掩耳，后发不及衣领。不宜留大鬓角，更不可剃光头。如今社会上很多男性也喜欢留长发，但领导干部不可如此。

女性领导干部以长发为主，头发长度应与身高比例相协调，也要与年龄相适应。女性束发所用的发卡、头绳或发带等，宜用形状、图案较简单的类型，颜色过于鲜艳或图案繁复的发饰不适合公务人员。另外，留长发的女性要注意，在正式场合、用餐的宴会和穿着正装时，不宜让长发飘在胸前，否则会给人不卫生或不庄重的感觉。

3. 发型要与自己的脸型相协调

发型和脸型的关系十分密切，二者共同塑造了每个人的外貌轮廓特征。发型的好坏，关键在于与脸型的搭配是否合适。例如，鹅蛋脸的女性更适合采用中分头路、左右均衡的发型；圆脸型女性则应避免后掠式或齐耳的内卷式，宜用轻柔的大波浪。方脸型女性应使脸颊两侧的头发垂直，紧贴脸颊显得紧凑，以缩小脸部的宽度。

### 四、注意手部的修饰

手部的修饰是很容易被人遗忘的一点。手不仅可以完成各种工作，有时也可以传达礼仪，如在握手、挥手道别之时，如果你的手不整洁、不美观，也会影响别人对你的印象。因此，无论在什么场合，领导干部都要保证自己的手是干干净净的。

1. 勤洗手

保持手部的卫生，餐前便后及时洗手是必不可少的。外出回来也要记得洗手，平时勤洗手，既能保证手部美观，又保证了自身的卫生和健康。

2. 勤于修剪指甲

为保持手部卫生，不宜留过长的指甲，指甲中更不能有污垢。为此一定要定期修剪指甲。指甲的长度不宜超过指尖。女士可适当涂一点指甲油，但不要太浓艳。

3. 细心护理手部

除了清洁，手部也是需要护理的。首先是平时做事时注意安全，不要把手弄伤。如果发现手部有红肿、皲裂，甚至发炎、长癣，要尽快治疗。手上的死皮要及时清理。除了手本身，手臂也要保持干净。有些人手臂上的汗毛比较浓密，或手部有明显的伤疤、都应适当地遮掩一下。

4. 避免裸露

手臂除了手部的整洁和护理，手部的礼仪中还有一点须注意，即在公务场合中，尽量避免裸露手臂。为此应当穿比较正规庄重的长袖衣服。

## 第二节　领导干部的言行举止

一个人的言行举止会体现出他的素质。人的一颦一笑、举手投足间都能看出这个人是否懂礼貌、知礼仪。同时，人体的行为动作是多样的，语言与动作的配合方式也是千变万化，因此，言行举止的礼仪有非常多的讲究。

领导干部的作风是社会行为规范的风向标。其一言一行、一举一动，不仅代表了个人素质，还会对下属的公务人员，以及人民群众形成示范效应。为此，领导干部必须掌握言行举止的礼仪规范，时刻知礼、懂礼、守礼，营造文明规范的良好风气。

### 一、言行举止的基本规范

领导干部的举止礼仪，其基本规范有以下几个方面。

1. 符合身份

符合身份，即言谈举止符合自己的身份职务、场景场合，无论是何种身份级别和具体职务的领导干部，在何种场合之下，其言行举止都代表了所在机关单位的形象，有时甚至代表着国家形象。因此，行为礼仪这根弦，必须时刻绷紧，永远不能放松。

2. 动作合规

主要指领导干部的举止动作要符合社会上约定俗成的习惯做法，不能标新立异，给人一种没有规矩的感觉。

3. 大方洒脱

身为领导干部，需要决事果断、办事利落。因此，领导干部的举止动作要洒脱、大气，不要扭扭捏捏，显得胆小拘束，给人一种胸襟不广、眼界不高，没见过世面的感觉。

4. 沉着稳健

沉着稳健，即要求领导干部在处事和待人接物时要有一股沉稳之气，处理问题时泰然自若，办事时有条不紊，有礼有节，而非毛手毛脚；交谈时娓娓而谈，而非结结巴巴。

5. 具有品味

这是对领导干部言行举止更高一层的要求。领导干部的气度应更胜于一般人，一举一动都要体现出精神境界、文化品位、道德修养上的高雅。

## 二、站姿的礼仪要求

站姿，是领导干部工作和日常生活中常用的姿势，它最能体现一个人的精神面貌，是仪态美的综合体现。挺拔的站姿能衬托出一个人非凡的气质和风度。

1. 正确的站姿

站姿的基本要求是挺拔。挺拔的站姿，特点是挺直、舒展、站得直、立得正。具体的做法是：头部要正，头顶要平，头部略向上抬，不可歪头、低头；双目平视，下颚微收，面带微笑；脖颈挺拔，双肩舒展，保持水平自然下沉；两臂自然下垂，手指自然弯曲；身躯直立，重心在两脚之间；挺胸、收腹、直腰、臀部肌肉收紧；双腿直立，女性要靠紧双膝和双脚，男性两脚间可稍微分开，但距离以不超过肩宽为宜。

男士站立时，双脚要平行，也可调整成“V”字形，双手自然下垂于身体两侧，也可将手放在背后，贴在臀部；女士站立时，双脚可呈“V”字形或“丁”字形。右手搭在左手上，贴在腹部。

在公共场合，尤其是隆重的公务交往场合，站姿一定要合乎规范，这是公务人员的职业素养。如果实在站累了，可以单腿后撤半步，身体重心前后移动，但双腿必须保持直立。

2. 站姿的训练

要想形成挺拔的站姿，就要在平时的生活中多加训练，养成习惯。训练站姿基本功可以从以下几方面入手。

（1）重心位置。即训练站立时身体重心的位置，以及如何调整重心。身体站直，重心在两脚之间，并能自然改变站立姿势调整重心。

（2）两脚位置。即训练两脚的位置。标准是两脚间的距离与体宽一致，两脚位置与手的位置一致。

（3）身躯挺拔。欲使身躯挺拔，就要挺胸、收腹、立腰、提臀、身体重心上升，使躯体显得挺拔。

（4）面部表情。站立时的面部表情和身体姿态是互相配合、和谐统一的。站立时要面带微笑、精神饱满，给人充满活力之感。

（5）耐久力。即训练长时间保持站姿挺拔的耐力，以适应在某些工作场合的需要。

### 三、坐姿的礼仪要求

在公务人员的工作中，坐姿也是最常见的行为姿态之一。坐姿要体现端庄。端庄优美的坐姿，会给人稳重、大方、文雅的美感。

1. 女士常见的六种坐姿

（1）标准式。轻轻走到座位前，转身后两脚成小丁字步，左前右后，膝盖并拢的同时上身前倾，向下落座。如果穿的是裙装，落座时要从后面由上到下把裙子拢一下，以防坐出褶皱或因裙子打皱而使腿部裸露过多。落座后，上身挺直，双肩平正，双臂自然弯曲，两手交叠放在两腿中部靠近小腹处。双膝保持并拢，小腿垂直于地面，两脚保持小丁字步。

（2）前伸式。在标准坐姿的基础上，两小腿向前伸出一脚的距离，脚尖不要翘起，右脚后缩与左脚交叉，踝关节重叠，脚尖着地。

（3）屈直式。右脚前伸，左小腿屈回，大腿靠近，两脚前脚掌着地，并在一条直线上。

（4）后点式。两小腿后屈，脚尖着地，双膝并拢。

（5）侧点式。两小腿向左斜出，双膝并拢，右脚跟靠拢左腿内侧，右脚掌与左脚尖着地，头和身体向左斜。

（6）重叠式。在标准式的基础上，两腿向前，一条腿提起，腿窝落在另一腿的膝关节上，上边的腿向里收，贴住另一腿，脚尖向下。

2. 男士常见的六种坐姿

（1）标准式。上身挺直，双肩正平，两手放在两腿或扶手上，双膝并拢，小腿与地面垂直，两脚自然分开成45°。

（2）在标准式的基础上，两小腿前伸一脚的长度，左脚前伸半脚距离，脚不能翘起。

（3）前交叉式。小腿前伸，脚踝处交叉。

（4）屈直式。左小腿回屈，前脚掌着地，右脚前伸，双膝并拢。

（5）斜身交叉式。两小腿交叉向左斜出，上体右倾，右肘和左手放在扶手上。

（6）重叠式。右腿叠在左腿膝上部，右小腿内收贴向左腿，脚尖自然下垂。

### 四、行姿的礼仪要求

行姿是人走路时姿态，展现人的动态美。无论是在日常或是公共场合，行姿往往能表现一个人的风度。正确的行姿建立在正确的站姿基础上。上身挺直，头部端正，两肩齐平。走路时步伐直，双目平视，精神饱满。具体来说，行姿的礼仪包括以下几方面。

1. 步幅要求

步幅是指行进时前后两脚之间的距离。步幅的大小通常与人的身高成正比。身高腿长者步幅较大，身矮腿短者步幅较小。通常情况下，行进时的步幅以一只脚的长度为宜，男性约25cm，女性约20cm。

2. 步位要求

步位也是影响行姿美的关键之一。步幅和步位是塑造行姿的两个最关键因素。所谓步位，是指行走时脚落地的位置。行进时正确的步位是两只脚踩同一直线，而不是呈两条平行线。特别是女性在走路时，两脚分踩两条线走路是很不雅观的。

3. 步速要求

正确的行姿应力求步速稳健。平时在生活中，每个人有自己的步速习惯。人们走路时的步速还会受心情的影响。心情兴奋、着急时，步速就快；心情失落、散漫时，步速就慢。然而，优美的行姿要求步速保持均匀、平稳，不能过快或过慢，也不能忽快忽慢。自然、舒缓、有节奏的步速能展现人的成熟、自信。一般来说，男性的步伐频率约每分钟100步；女性的步伐频率约每分钟90步，若穿裙装或旗袍，步速则会快一些，可达每分钟110步左右。

步态还要分场合。脚步的轻重快慢都会反映出情绪，因此必须适应出入的场合。例如，迎接来宾时步子要快而稳，走进领导办公室步子要轻而缓，在联欢会上则可以轻快、随意。

## 第三节　领导干部的妆饰礼仪

领导干部在公众场合，尤其是接受采访和上电视时，除了着装要得体，也可以适当化点妆，佩戴首饰。妆饰是一项颇有难度的工作。妆饰适当，可以恰到好处地展现一个人的风采。但如果妆饰不当，只会适得其反，给人庸俗之感。因此，公务人员应当掌握简单的妆饰礼仪规范。

一般来说，公务人员化妆应以简单、自然为宜。佩戴饰物的要求，男性与女性有所不同。男性能选择的饰品较少，仅限于手表、眼镜和结婚戒指；女性的选择更多一些，但也要有讲究。妆饰的总体要求，一是要与服装搭配得体，二是要庄重朴素，不能花哨。

### 一、男士的化妆礼仪

男士在一般场合无须化妆，可用些发油之类的东西固定发型即可。领导干部偶尔要上电视面对镜头时，可以适当化点淡妆，要求妆容自然。在工作场合化妆很多是出于职业需要，而领导干部的职业要求是体现简朴、庄重。最理想的化妆效果，就是化了妆之后，电视前的观众根本没看出来化了妆。

总之，领导干部化妆的基本要求是：淡妆上岗。淡妆的特点就是化妆之后效果自然，没有痕迹。有时候，自然的风采才是最富魅力的。

## 二、男士的佩饰礼仪

男士可佩戴的饰品，一般只有手表和眼镜。允许佩戴的首饰仅限于结婚戒指。

1. 手表的佩戴礼仪

现如今，市场上有各种颜色、样式的时尚手表可供人选择。手表已经成为人们根据自我风格随意选择的一种装饰品。领导干部除了身着正装，佩戴一块手表，也不失为一种理想的搭配。但要注意，身为公务人员，在公共场合应佩戴正装手表，运动表、休闲表、电子表，都不适合搭配正装。颜色也不宜过于亮艳。手表带冬天宜用皮带，夏天宜用钢带。还要注意，不可佩戴价格过于昂贵的名表。

2. 眼镜的佩戴礼仪

眼镜不仅具有实用性，还可装点一个人的风度气质。眼镜的佩戴应给人匀称调和的感觉。领导干部在选择眼镜时要根据自己的脸型和肤色进行考虑。长脸形的人宜用宽边略方的眼镜架，以使脸型显得稍短；短脸型的人宜用无色透明框边眼镜架的眼镜，以使脸型显得稍长；圆脸型的人可选用带棱角的方形镜架；面部线条圆润细柔的人，适合搭配轻巧别致的镜架。

皮肤较黑的人，应选用较明亮的镜架；皮肤白皙的人可以选浅色镜架；皮肤发黄的人宜用暖色调的镜架；塌鼻梁的人可以佩戴高鼻托的眼镜，高鼻梁的人则更适合低鼻托的眼镜。

3. 结婚戒指的佩戴礼仪

现如今，有些男士也喜欢佩戴首饰。但作为公务人员，在工作场合还是不宜佩戴首饰。允许佩戴的首饰只有一种，那就是结婚戒指。这里所说的结婚戒指，上面不可带钻石或宝石，我们经常看到的新人结婚典礼上交换的钻戒，其实更多是作为装饰用品。公务人员的佩戴的必须是真正意义上的结婚戒指，即只有一个箍，没有其他特别的点缀。男士的结婚戒指应戴在左手无名指上。

## 三、女士的化妆礼仪

化妆，是深受女性喜爱的打扮方式。但并非所有女性领导干部都了解化妆的技巧。化妆不得体，反而会弄巧成拙，变美为丑。女性公务人员平时也可化妆。但要明确，公务人员化妆更多不是为了彰显个人的美，而是为了塑造本单位、本部门领导干部的统一精神面貌。女性领导干部必须熟练掌握化妆的技巧和礼仪，才能让化妆在自己的工作中锦上添花。

1. 选择合适的化妆品

市面上的化妆品很多，但并不一定都适用于女性领导干部。而且有些化妆品质量低劣，反而会对皮肤造成损害。所以选择化妆品时，要根据自己的皮肤类型选择质地、颜色都适中的类别。其实，比起化妆品，女性领导干部更应该多用护肤品，使皮肤在平日里免受烈日、暴风、有害气体等的刺激。保持天然美，效果比化妆好得多。

2. 淡妆上岗

领导干部既是国家的栋梁之材，又是联系各级政府与人民群众之间关系的纽带。因此，领导干部的妆容既要端庄大气又要朴实无华。这样才方便接近群众，增进与人民群众的情感联系，体现出勤政、廉政形象。特别是女性领导干部，绝不可在公众场合浓妆艳抹。女性领导干部可恰如其分地化点素雅的淡妆。这样的自然之美更能体现一个人的自信、自爱。

3. 突出面部最富魅力的部分

化妆的目的是掩盖缺点，扬长避短。大多数人的容貌都不是完美的，都会多多少少有不尽如人意之处。化妆时要对面部最富魅力的部位进行优化，对有缺陷的地方进行掩盖，这样才能达到化妆的基本目的。因此，学会扬长避短地给自己的面部化妆，是女性领导干部化妆的基本功。如果做不到这一点，那化妆只会起到反效果，反而把自己化丑了。

女性领导干部化妆还要注意一些禁忌事项。首先是如上文所说，公共场合不宜化太浓太艳的妆，如一些亮晶晶的唇彩，无论是在公务会议上还是在办公室中，都是不合适的。其次，很多女性有随手拿出化妆盒补妆的习惯。但事实上，当着别人的面化妆是十分不礼貌的行为。若确实有化妆或补妆的需要，合乎礼仪的做法是到化妆间或卫生间去；最后，不同的场合对女性的妆容有不同要求，如在吊唁、丧礼上，女性领导干部不宜涂抹口红。

## 四、女士的佩饰礼仪

在妆饰上，女士比男士的选择要多。除了男士佩饰中的手表、眼镜、结婚戒指外，女性还可以利用发卡、丝巾、胸花、手包或其他佩饰来增加美感。如果出差在外时间超过一天，没有条件经常换装，女性领导干部可以通过更换佩饰来营造形象上的新鲜感。

1. 手包

在众多的女性佩饰中，最引人注目的当属手包。女性领导干部应选择皮质手包，适合与正装搭配。皮包的大小应适中。那些色彩艳丽、造型新潮、过大或过小的手包，不宜带到公务场合。

2. 首饰

首饰是现代女性的最爱之一。女士在公务场合最多可佩戴的首饰数量时是三件。可选择的首饰类型有耳环（两个耳环算一件）、戒指、手镯、项链等。女性领导干部的首饰可以具有一点色彩，这样符合对现代女性美的定位。但作为公务人员，还是不宜佩戴色泽过于艳丽的首饰，尤其是在很庄重、正式的场合。女性领导干部的首饰，颜色以白色系列最佳。白色的首饰既含蓄又精致，充分体现了女性领导干部的庄重大方和精致体面。

女性领导干部佩戴首饰还要注意以下几点：

（1）戒指最多佩戴一个。

（2）耳环款式以耳钉为宜，应避免佩戴大耳环、悬坠型耳环，耳环必须佩戴一双。

（3）佛珠手链不适合在公务场合佩戴。

（4）同一只手上只能佩戴一件饰物，不可既戴手表又戴手镯。

（5）首饰的造型宜小不宜大，宜细不宜粗，宜轻不宜重。

## 第四节　男性领导干部的着装礼仪

着装，是一个人外在形象的主体部分，对一个人的整体精神面貌具有重要影响。领导干部的着装应当体现出国家行政机关的威信与尊严。领导干部的着装不仅影响着自己的形象，同时还代表着政府机关的形象。因此，每一位领导干部都必须学习、掌握一定的着装礼仪知识。

作为公务人员，男性领导干部和女性领导干部的着装要求有很多相同点，但又各有区别。男士的服装种类和款式较少，一般是标准的“七大件”，即西服上下件、衬衫、领带、腰带、袜子、皮鞋。

### 一、西服和衬衫的着装礼仪

西服是公务人员的职业装。西服包括上身的外套和下身的长裤两件。西服的标准搭配，其上下两件必须是一套的，必须用同一种面料做成，最好不要自己分别搭配。在面料选择上，应选择不起皱、品质好的面料。当今男性领导干部常选的西服款式有两种，即两粒扣的和三粒扣的西服。单粒扣和多粒扣的西服都不是标准的公务正装。领导干部身穿西服站立时，扣子要全部扣紧，就座时可解开最下面的一颗扣子。

男性领导干部应选择深色、素色的西服，这样才能显出庄重。藏青色系列的西服是中国公务人员最常见的选择。由于中国人属黄皮肤，几乎不选用棕色和咖啡色西服。很多人认为只有黑色西服才属于正装。其实，黑色西服是领导干部在非常隆重的仪式上才会选用的着装，是极为严肃正式的正装。平时在办公室和公务往来中，不宜穿黑色西服。

为了同深素色的西服搭配，衬衫通常只有一种颜色可以选择，即纯白色。衬衫上最好不要带图案，尤其是衬衫领子，必须是纯白的。正装衬衫一般以纯棉制品为主。挑选衬衫时要注意三个地方的“尺寸”。

（1）领口。以打完领带后两个手指可并行穿过为宜，三个手指和一个手指穿过则是过大和过小。

（2）肩宽。袖子和肩膀交接处的边，其位置显示了一件衬衫的肩宽是否合适。它应该位于肩角过渡处。往下耷拉说明肩太宽，太往里说明肩太窄。

（3）袖长。袖长以系上西服扣子后，袖口边外露几厘米为宜。平时伸出手臂时要把白色衬衫的袖口露出来，这是西服的特点。

## 二、领带和腰带的着装礼仪

领带的颜色要与西服、衬衣三者相互协调。领带位于中间的醒目位置，因此色调一定要与衬衫有所区别。领带的颜色应保持与西服相似的色调，但又要比西服略鲜明。一般来说，领导干部的领带以蓝色或紫色为宜。特别要注意一点，纯红色的领带可以在喜庆场合佩戴。但在比较正式的官方活动上，只有级别最高的领导才可以佩戴纯红色的领带，这是惯例。其他领导的领带可以是红色的，但最好带些图案。领带的图案也有讲究，最好选择斜纹、正纹、三角、圆点等几何图案，其他比较反复的花样如飞禽走兽之类的图案，不适合领导干部。

选领带一定要把握好长度。领带打好之后，下端应处于腰带扣的上下沿之间，这样的长度是最合适的。太靠下显得邋遢，太靠上则又显得不够大气。打领带时不宜用任何配饰，即使用领带夹，也不宜令其处于他人视线可及之处。

男性领导干部的腰带应选用牛皮制的，腰带扣的造型要精致而不夸张。对于腰带的颜色选择，有一个惯例：一套标准的男士正装，应该有三件皮具保持同一种颜色，具体来说是：藏青色、黑色和蓝色系列的西服，三件皮具的颜色都应该黑色；棕色、咖啡色、驼色、乳白色系列的西服，三件皮具要选用棕色的；中国的领导干部多着装藏青色、蓝色和黑色的西服，因此最适合的腰带颜色是黑色。

## 三、鞋袜的着装礼仪

鞋子和袜子分别被称为“腿部时装”和“脚部时装”。鞋袜的选择要注意颜色与整体着装相搭配，颜色与西服、腰带保持一致。

鞋在一个人的全身着装中占有重要地位。对公务人员来说，最常穿的鞋子是皮鞋。在日常生活中，男性领导干部一般穿着不带花纹的黑色平跟皮鞋。皮鞋的颜色一定要选好，有些人穿了一身漂亮的西装，却搭配了一双亚光的、蛇皮的、鳄鱼皮的皮鞋，或其他颜色怪异的皮鞋。这些都是不宜在公务场合穿的鞋子。当然在公务场合下也不能穿布鞋、漏脚趾的凉鞋等。

与正装搭配的皮鞋，还要注意一个要点，把鞋擦干净。即使是一双旧皮鞋，也应该提前擦得锃亮。有时候，皮鞋的价格并不能说明什么，但把皮鞋擦得光亮，却能看出一个人的一丝不苟。

袜子的选择也是着装的重要一环。首先，在正式的公务场合，绝不允许赤足穿鞋。袜子样式以中长筒袜子为宜，这样可以避免落座后露出小腿。袜子的颜色以单色、深色最好，颜色鲜艳的袜子适合搭配休闲装，搭配正装明显不合时。同时要注意与西服颜色的搭配。通常来说，深颜色的西服应该配深颜色的袜子，不宜搭配浅颜色袜子，尤其是白色袜子。袜子上可以带一些条纹或图案，图案不能太显眼。

**四、男士着装的禁忌**

领导干部着装的禁忌，主要是避免衣服的脏、破、乱等现象。首先是忌脏。西服要经常换洗，如果不小心沾上了污渍或大量出汗，应立即脱下来洗干净；如果西服出现了明显的破损，如线缝脱开、拉链损坏、扣子脱落、被尖锐物挂破等，应立即修补或替换，穿着这样有明显破损的衣服出现在公务场合是非常失礼的。

外套、裤子、领带等都要穿得整洁、端正。切不可由着自己喜欢“乱穿”衣服。如衬衫不系领扣、西服披挂在肩上、挽起袖子或裤腿等，这些现象既破坏了服装的整体造型美，也不符合领导干部的端庄形象。

此外，还要注意一些小的细节。如有些人喜欢打完一次领带后就不再解开，套头摘下来后收起来，下次直接再用。这样会损坏领带的平整度。建议领导干部要能够熟练地系领带，每天把领带解开。到了冬天，有些人会在西服里面加一件羊毛衫。这样会使西服看起来鼓鼓囊囊，影响美观，袖口处露出羊毛衫更显得不美观。因此建议领导干部不要这样搭配，为了保暖，可以在衬衫里面加一件纯白、无袖、贴身的圆领内衣，这样从外面看不出来，保持了衬衫的平整感。也可以在西服外套一件大衣或羽绒服，但进入正式的公务场合要把外套脱下。

# 第五节　女性领导干部的着装礼仪

女士正装和男士正装比起来要稍微简单，因为数量上减少了。男性领导干部有“七大件”，女性领导干部一般是“四大件”，即西服上衣、西服套裙、丝袜、高跟鞋。女士正装的要求也比男士正装更为灵活。男士的“七大件”不许随意增减，女士则可以在“四大件”之外再加一件衬衫、丝巾、围脖之类。

女性领导干部着装的整体要求和男性领导干部是一样的：大方、庄重、得体、和谐。区别在于，男性领导干部的着装需突出阳刚之美，强调举止大方、刚健正直；女性领导干部则应体现柔和之美，表现为举止端庄、风度优雅。

## 一、女士西装上衣的着装礼仪

女士西服上衣的款式、颜色和面料都比男士西装多得多。西服的领口可以是大领、小领、圆领、方领、鸡心领、平领，以及无领。西服的袖子可以是长袖、中袖或短袖。颜色的选择上，深色、浅色甚至彩色，都可以接受。然而，仍然建议女性领导干部选择服装时，出于庄重性考虑，颜色上不宜过于鲜艳刺目。可选择的款式比较自由，但不宜过于时尚、新潮。未必一定要是清一色的深色套装，但全身的颜色搭配以不超过三种为宜。总之，色彩宜少不宜多，图案宜简不宜繁。

男士的西服面料通常选毛料，女士西服则有多种面料以供选择，甚至可以选高级的化纤面料。建议女性领导干部在选择正装时，除了满足温馨、漂亮的要求，更应该关注衣服是否符合自己的气质。精神面貌比服装搭配更重要。你的穿着应该能将你的气质恰到好处地衬托出来。另外，应注意选择做工比较精细的服装。虽然公务人员的服饰不宜穿着名牌货、高档货，但对其做工应予以重视。只要做工精细，即使不是价格昂贵的名牌货，也能为女性的气质加分。

女性领导干部也可以为自己多准备几套正装，以便不同的场合有选择和变化的余地。对于特别重要的场合，甚至可以穿一套再带上一套，以备临时调整。社会对女性领导干部的正装要求并不十分严格，若在一切公务场合始终是相同搭配的着装，有时也会给人过于死板、沉闷的印象。

## 二、女士西服套裙的着装礼仪

有些人认为女士的正装也是西服配长裤，这是一个误解。其实，女性领导干部的正装，最标准的搭配是西服上衣配套裙。同男士的上下身套装一样，女士的西服套裙也必须和西服上衣一起成套购买，最好不要自己搭配。要保持上下身相同的材质、款式甚至纹路。套裙的面料最好选择质地上乘的纯天然面料，不起皱、不起毛、不起球，且平整匀称、柔软丰厚。套裙的颜色应与西服保持一致，建议还是以冷色调系列为优，这样能凸显出女性的端庄与典雅。西服的袖长以盖住手腕为宜。

套裙的大小要适度。要求是上衣不可过长，下裙不可过短。上衣宜齐腰，下裙的长度应在膝盖以上3～6cm，而不应与膝盖齐平，也不宜低于膝盖。较年长的女士可选择长度超过膝盖的套裙。裙子最长可达到小腿中部。套裙或西服都不可过于肥大或包裹过紧。

穿着套裙时，西服的领子要翻好，西服口袋的盖子要拉出来盖住衣袋。在较为正式的场合，西服的扣子必须全部扣上。女性领导干部在重要的公务活动中，尤其是作为重要任务出席活动时，还是应尽力追求着装的庄重性。西服上衣的款式以领口接近男士西服的样式为正规；各种颜色当中，以深素色尤其是藏青色最显庄重。各种袖长的西服中，以长袖最为正规。在各种搭配中，最正规的方式是同男士“七大件”一样，搭配一件纯白色衬衫。衬衫的衣领应该掖在里边。注意衬衫的下摆不能超出西服套裙的长度。

## 三、女士丝袜的着装礼仪

女性领导干部在穿着西服、套裙时，必须搭配丝袜。光腿会被认为是不礼貌的。通常来说，中国的女性公务人员，丝袜的颜色只有两种选择：肉色和黑色。其中肉色丝袜是首选。浅肉色的丝袜可以将腿部肌肤衬托得更有光泽，深肉色则使腿部线条显得修长，给人一种健美之感。黑色丝袜则基本选择透明的。有一点要特别注意，女性领导干部在任何场合都不应穿带有网眼或图案的丝袜，这是极为失礼的衣着搭配。还要注意丝袜必须是完整的，不能有破洞。为此，买丝袜时最好选择质地比较结实的。

关于丝袜的长度，一般是选择连裤袜。若是穿长筒袜，长度也必须高于裙子下部边缘，且要超出一段足够长的距离，以避免走路时露出大腿，那是非常不雅的行为。另外，绝不可选择长度刚到脚踝的短丝袜，这种丝袜应该是配长裤穿的。在正式的公务场合，穿套裙配短丝袜是不合适的。

### 四、女士高跟鞋的着装礼仪

同男士正装一样，女士正装如何选择鞋子，也是一个关键问题。女性领导干部在穿着西服套裙时，鞋子的搭配只有唯一的选择，那就是高跟鞋。搭配正装套裙的高跟鞋，要求是样式上鞋面要光滑、鞋跟偏细、而且是敞口。鞋口不可有鞋带。鞋跟的高度以4～5cm为宜，不可过高，也不能过低，不宜穿长而尖的高跟鞋。选择鞋子时最好选择走路时不会发出太大声音的高跟鞋。在公务场合，走路时鞋子声音太大，会让人觉得不礼貌，引人反感。

在公务场合，女性领导干部不宜穿中跟鞋或平跟鞋，更不可穿皮靴，那是在公务场合非常不正规的衣着搭配。只有少数具有特殊身体原因的女士，鞋子的搭配可能会有例外。

### 五、女性领导干部的着装禁忌

女性领导干部在着装上，有一些区别于男士着装的特殊要求。女性领导干部要加强注意，避免在公务场合出现这些错误，否则会引发尴尬或损坏自己及所在机关单位的形象。女性领导干部着装的常见错误有以下几种。

1. 过于暴露

身体的某些部位，如胸沟、腋窝、大腿等，不可过于暴露，否则是非常不雅的行为。即使是在炎热的夏天，女士的穿着也不能太暴露，不能穿没有领子的衣服，不宜穿过分短小的西服和套裙，不可暴露胸部、肩部和大腿。

2. 过于透明

人体的隐私部位，在着装时绝不可若隐若现。因此女性领导干部在选择衣着搭配时，要注意不可隐约露出内衣、内裤，更不能穿过于透明的衣服，令隐私部位一目了然，否则不仅会引起尴尬，还会令人觉得着装者过于轻佻。

3. 过于紧身

女性领导干部的衣着过于紧身，会使自己线条突出，未免有展示性感之嫌，所以也不合适。

# 第二章　领导干部的办公礼仪

## 第一节　汇报与听取汇报的礼仪

汇报，是指向特定的人报告工作。对公务人员而言，它是指将工作中的有关资料进行分析、研究、总结后，根据实际需要和有关规定，向有关的单位、部门及其负责人进行专门报告。汇报是公务人员日常工作中的常规活动之一。

汇报具有令下情上达，为上级机关提供决策依据的重要意义。公务人员必须细心做好汇报工作，具体来说，要区别不同的汇报对象，正确把握汇报的时间、地点，精心准备汇报材料，注意汇报的礼仪方式。

### 一、汇报的类型

根据汇报对象、汇报时机和汇报形式的不同，汇报可分为多种类型。不同类型的汇报应采取不同的方式、方法。

1. 按上下级关系区分汇报类型

按上下级关系来区分，汇报可分为下级向上级汇报和上级向下级通报。

（1）汇报工作，更多时候是下级向上级的汇报。因为汇报的重要任务是下情上达，让上级更了解下级工作的进展和问题。下级向上级汇报时，应找相关的分管负责人，不宜擅自进行多头汇报或越级上报。

（2）上级向下级通报，是上级所做的工作、履行的责任，也需要让下级了解。上级向下级的通报多见于正式会议上总结工作。上级进行通报时，关键是内容要真实、具体、切中要害，不可糊弄敷衍，搞形式主义。

2. 按汇报时间来区分汇报类型

根据时间来区分，汇报可分为例行汇报与特殊汇报两种类型。

（1）例行汇报，是指领导干部按照所在单位、部门的有关规定，定期向特定对象所作的汇报。例行汇报的内容主要是常规的工作，意在使上下级之间互通信息，增进了解，以便更好地开展工作。

（2）特殊汇报，是指在例行汇报之外的时间，汇报者针对自己所遇到的特殊问题向有关对象所作的汇报。特殊汇报是临时性的，内容通常是本人难以定夺的情况，或遇到的突发问题和疑难问题。

3. 按汇报形式来区分汇报类型

根据汇报的形式不同，汇报可分为两种基本类型，即口头汇报和书面汇报。这两种形式的汇报适用于不同的情况。

（1）口头汇报。口头汇报，是指汇报者当着汇报对象以口头表述的形式面对面进行的汇报。这种汇报的优点是时间、地点的限制较小，可以突出要点，时间上比较灵活，可长可短。因此口头汇报多用于例行的述职和面对特殊情况时的请示。这种汇报形式的缺点是难以全面、深入地反映问题，内容往往比较片面。

（2）书面汇报。书面汇报，是指汇报者以书面材料的形式向汇报对象进行汇报。按照国家的有关规定，领导干部正式使用的书面汇报称作报告，属于正式的公文。书面汇报的优点是可以全面、系统、深入地反映问题，资料齐全，逻辑严密，缺点是时效性较差。因此书面汇报多用于需要领导批办或保存留用的政策性工作。

## 二、汇报的内容要求

为了保证汇报工作的准确、有效，汇报的内容必须经过充分的准备。内容要求也是汇报的重要礼仪规范。

1. 内容准确

汇报内容的第一要求是力争准确、详细、充实。因为汇报的目的是给上级机关提供决策依据，汇报的内容越具体、准确，上级决策的依据就越充分可靠。汇报工作，必须实事求是，既不能为了应付差事，走走过场，也不可弄虚作假，欺上瞒下。汇报时一定要本着“有什么说什么”的原则，根据上级的要求和自己工作的实际情况，有喜报喜，有忧报忧。不可为了维护个人或本单位的业绩，而在汇报时进行定向的取舍，只拣对自己有利的内容说。抛弃了客观原则，汇报也就失去了意义。

2. 言之有物

汇报的内容既要充实，又要避免陷入言辞空洞的极端。汇报不必非得搞成洋洋洒洒的长篇大论。汇报也要讲究一个“精”字，也就是要言之有物，切中要害，把具体的、重要的问题如实地陈述清楚。少见空话、套话、废话。对于和问题有关的背景、原因、数据、分析等，要有话必谈。对于旁枝末节的内容，能省则省，避免小题大做。

要使汇报的内容既精炼又充实，就要求汇报者在进行汇报前下足够的功夫，对自己要汇报的问题进行深入的研究。只有自己把问题想透了，才能在给别人汇报时拿捏得恰到好处，既把问题讲到位，又不多说一句废话。为此，要做的具体工作有确定汇报的主题、核实汇报内容的细节、提前设想听取汇报者可能提出的问题等。

## 三、汇报的礼仪要求

公务活动中的汇报，通常指下级向上级汇报工作，汇报方与听取汇报方之间的地位是有差异的。为此，公务人员一定要重视汇报过程中的礼仪规范。

1. 按时守约

除了临时性的请示工作，无论哪种形式的汇报，都要严格预定的汇报时间，不可迟到或失约。上级领导的行程安排一般比较紧凑，各项工作都有明确的时间限制。若汇报时不迟到，让上级等候你，会影响上级后面的工作安排，是极为失礼的行为。不仅如此，汇报工作不及时，还会耽误正常的工作进展。

2. 注意礼貌

汇报工作时，在上级面前的礼貌也是很重要的。到上级的办公室进行当面汇报时，首先要敲门，经允许后方可进入。即使门开着，也要提前告知上级，以便上级能放下手头的工作，及时调整心态，做好听取报告的状态准备和材料准备。汇报时要举止自如，彬彬有礼，表达清晰，不仅将汇报内容表述清楚，还给上级留下良好的印象。

3. 实事求是

汇报时要实事求是，吐字要清晰，语调、声音大小适当。要灵活地调节语速，观察上级的反应，若有哪个部分上级听得不是很明白，或打断你让你详细阐述，这时就要放慢节奏，把上级想着重听的部分再好好地讲一遍。如果上级的情绪、态度不是很好，不可与上级正面冲撞。可以以身示范，也可直言相陈，但要把握言辞的分寸。

4. 适时告辞

汇报结束后，别忘请上级作指示。如果上级兴致犹高，还在不停发问，切不可有不耐烦的情绪。必须等上级表示结束时才能告辞。告辞时要整理好自己的材料，把座椅摆回原位置。当上级有起身送别之意时，要主动表示感谢并请上级留步。

### 四、听取下级汇报时的礼仪

上文提及的都是下级向上级汇报时的礼仪。下级尊重上级，上级同样应礼遇下级。因此，领导干部听取报告时也要注意礼仪规范。

1. 不摆官架

作为上级，听下级汇报时不要摆架子，或是盛气凌人，增加下级的紧张感，让汇报者战战兢兢。上级要善于倾听，可用目光与之交流，用点头表示自己听懂了，遇到不清楚的问题可用眼神提示对方，也可直接提出来，但要注意时机和语气。上级不可在汇报过程中随意打断、随口批评，那样会使下级觉得领导处事草率，不重视自己的汇报内容，令下级感到无所适从，失去汇报的兴趣。

2. 专心致志

上级专心致志听取汇报，不仅是表达对下级的尊重，同时也是为了准确理解汇报的内容，不遗漏任何细节，不错过任何要点。对下级想要反映的问题做到心中有数，这样才能在事后做出准确的判断，及时对问题进行回应和处理。

## 第二节　电话礼仪

电话是公务活动中一种十分常见的沟通手段，它的特点在于双方是进行不见面的远距离联络沟通，与面对面的交谈有很多不同。因此，作为公务人员，想要有效发挥电话的沟通作用，就应知晓其中的技巧与礼仪。

电话的彼此双方互不见面，这使得打电话时的语言、措辞、语气等礼仪规范显得十分重要。电话沟通是一门艺术。有事想给对方打电话，时间合适吗？电话铃响了，隔多久去接？对方的电话讲了很久，自己什么时候可以主动挂断？这些都是有讲究的。公务人员必须掌握相关技巧与礼仪，才能在日常的公务活动中成为一名出色的沟通者。

### 一、打电话前的准备工作

1. 选择恰当的时间

什么时候给对方打电话，要顾及自己的事情是否紧急，以及对方的时间是否方便。如果不是十分紧急的事，最好事先安排，提前做好准备。如果没有事先预约，那么早上10点到11点半，下午2点到4点半之间是最合适的时间。早上7点之前，以及晚上10点之后，没有特别紧急的事不宜打扰对方。此外，尽量不在午休时间给对方打电话，免得打扰对方吃饭和休息，引起对方的不悦。往办公室打电话，最好避开临近下班的时间，因为这个时间打电话，如果对方需要调查一番方能答复，或急于下班，很可能得不到有效的回答。

2. 明确打电话的目的

向对方打电话，一定要有明确的目的。可能是向对方提出请求，或是向对方传达消息，与对方商讨问题，向对方表示问候等。无论是什么目的，必须是有正事才打电话。公务人员在打电话前，应先理清说话的思路。公务员在打电话前，应明白自己想要咨询哪些问题。如果提问中要提及数据、日期、人名等，要提前进行查阅。避免电话讲到一半再去查阅，既浪费时间，还可能一时间找不到或找错，引起不必要的麻烦。由于打电话的时间一般不会太长，又无法当面陈述，因此讲话前的准备格外重要。

## 二、电话沟通中的基本礼仪

1. 明确身份

由于电话沟通的异空间性，电话刚接通时，对方可能不知道你的身份，你也无法确定对方是谁，因此双方首先要明确彼此的身份，以免引起尴尬和误会。

电话接通后，打电话的一方要首先自报姓名、工作单位和职务，这样不仅是为了告知自己的身份，也是一种礼貌。同时要确认对方是否是自己要找的单位和个人。若电话是由秘书、助手接听，要礼貌地告诉对方想要找某人，请对方将电话转接。

对于自己比较熟悉或常用的号码，如果听到声音可以确定是自己要找的人，可以热情地打招呼“×××，您好”，这比自报家门多了份种亲切感，但前提是一定要能确保听清了对方的声音，如果弄错了，不仅会显得不礼貌，还会无故地给对方增添失落感。

2. 礼貌用语

对话是最能展现一个人素质、作风和礼仪的时刻。电话沟通虽然不是面对面交谈，但从通话的措辞、语气、声调中，仍然可以看出一个人乃至整个机关单位的形象。因此，讲电话时的基本原则就是礼貌。言辞用语随处表现对对方尊敬之意。还要注意说话的口气，声调要温和、热情、亲切，切记不要语气严厉、大声叫喊。还有一个很容易忽略的细节，就是挂断电话时要轻拿轻放。很多人挂电话时漫不经心，随手把电话“啪”的一声扔回原处，这种声音在对方听来是很不礼貌的。

3. 视觉联想

所谓“视觉联想”，是指在看不见对方的表情动作的前提下，一个人的表达、语气给电话另一方带来的情绪反应，好像对方通过想象感觉你就在眼前，能看到你的动作表情。这种想象会给沟通效果带来很大影响，因为这意味着虽然对方看不到你，但对你的讲话的“深入领会”是无处不在的。电话沟通的过程中，要做到准确的表达、清晰的逻辑，避免电话中声音过高或过低等，这些非语言因素也会影响沟通效果。如果不注意这些方面，很容易让电话那头误解，不利于预期电话沟通的效果。

4. 长话短说

对于打电话，国外有人提出“三分钟原则”的说法，即通话不超过三分钟。这种说法强调了电话沟通中简短的重要性。

当然，打电话要简短，不是让你完全不顾沟通的效果，自顾自地把自己要说的话讲完了事。对于通话的内容一定要说清楚、问清楚，对方的答复、涉及的时间、地点、数字一定要核实无误，最好能记下来，确保对方正确理解了你的意思。

公务人员在打电话时切记不要东拉西扯，胡侃一气。对方也许还有重要的工作要做，浪费对方的时间是不礼貌也不道德的行为。如果你在通电话时觉得该讲的事都讲完了，对方却没完没了地闲扯，可以运用一些技巧，不失礼貌地挂断电话。

5. 三声原则

三声原则，是指接电话的时间要求。根据调查，若电话铃响4声后仍然无人接听，多数人会选择挂断电话，前后时间大约为7秒。也就是说，多数人在打电话时等待对方接听的耐心时间为7秒。所以，电话铃声一响，应该立刻去接。无论手头上有多忙的工作，都要抢在第4声响铃前接听。这不仅是为了不让对方焦急等待，也是为了维护自己办事高效的形象。

### 三、使用手机的礼仪规范

一般来说，在办公室打公务电话时，应拨打对方办公室的座机号码。在家里或拨打私人电话时可拨打对方手机号码。另外，拨打私人电话应尽量用自己的手机。在手机的使用上，公务人员要注意以下几个要点。

1. 注意使用场合

一般来说，公共场合除非是出于工作需要，否则不应拨打手机。应避免在开会、听报告、上课、观看演出或图书馆、展览馆等场合下使用手机。在这些场合应主动将手机设为振动状态或静音。有来电时，应迅速离开现场，找一个不妨碍他人的安静之处接听。不宜在人多的场合接打电话，广播私人的谈话是不礼貌的行为。

2. 注意说话音量

在公共场合用手机通话时，声音一定要轻，不要旁若无人地大声喧哗。即使是独自一人在安静的地方，音量也不宜太大。音量过大会给对方，以及身边的人留下不礼貌的印象。

3. 避开隐私话题

切记不可用手机谈论具有敏感性或保密性的信息。如今的窃听技术十分发达，手机并非保险箱，要严防重要信息泄露。

4. 开车使用手机注意安全

如果是在开车过程中使用手机，一定要注意安全。不要一边开车一边打电话，以防发生车祸。若有来电，可用耳机接听。若没有耳机可把车停在路边，通完话再开车走。乘坐飞机时，应自觉关闭手机。在医院和加油站也不应打开手机，手机信号有可能影响医疗仪器的正常使用，手机产生的火花可能酿成火灾。

5. 说重要的事不用手机

谈论重要的事时，最好用固定电话。因为用手机通话，有时会遇到信号不好的问题，通话的声音也容易被周围环境中的杂音干扰。这些都可能导致通话中断，既耽误了重要的事情，还会给对方留下不好的印象。

## 第三节　交谈与问答的礼仪

交谈是两个或两个以上的人进行对话。公务交往中，交谈是一项无处不在的常规活动。公务人员在参加各种活动、处理各种问题时，都少不了要与人交谈沟通。交谈中若礼仪不当，极容易造成两人之间的裂痕。

语言是人们相互沟通的重要手段，语言在交谈礼仪中是不可忽视的，文明交谈等，都是每位公务员应具备的基本礼仪。交谈是人相互交往中重要交往机会，如想要让交谈双方为彼此留一个好印象，应从现在开始，了解必需的交谈和问答礼仪。

### 一、语言要文明得体

一个人的素质和修养，往往最能通过语言体现出来。在交谈礼仪方面，总体要求是文明、礼貌、准确。只有高度重视语言的运用，才能把话讲得稳妥，讲得到位，从而塑造公务人员的良好形象。

1. 语言要文明

语言的文明，就是注意用词高雅，不宜采用俚语、俏皮话，更不宜用一些粗俗的语言。如下列这些语言，公务交谈中绝不应出现。

（1）粗话。爆粗口是修养不到位的体现。公务人员的一言一行都代表了所在机关单位甚至国家的形象。公务人员讲粗话，是非常有失身份的。

（2）脏话。公务人员若口出脏话，语带脏字，不仅有失身份，而且是十分低级的表现，会给人留下很没教养的印象。

（3）俗话。俗话即一些日常生活中的口语和市井俗语。这些俗话中有许多包含着庸俗、落后甚至下流的内容。对于这类俗话，同样不宜出现在公务交谈中。否则会显得说话的人品位不高，还可能让对方觉得你对他不够尊重、对待工作态度不严肃。

（4）怪话。怪话，则是一些故弄玄虚、阴阳怪气的话。这些话的内容或讥讽嘲弄，或恶意调侃，或颠倒黑白，或胡搅蛮缠，总之有种故意卖弄吸引他人注意的嫌疑。因此，说这种话的人会被人看作没品位、没内涵。

2. 语言要礼貌

公务人员在与他人交谈时要注意礼貌。无论谈话的对象是谁，都不能失了礼貌。与人谈话时要多用礼貌用语，“您好”“请”“谢谢”“打扰了”等约定俗成的表示谦恭的语言，要多用，还要用得好、用得恰当。良好的礼貌，会先声夺人地赢得对方的好感，使交流更有效。

（1）语气要谦和。在谈话中，语气一定要亲切谦和。尤其身为领导干部，说话不能故意端架子，盛气凌人，和谁交谈都像训话一样，更不能随意教训、斥责他人。要平等待人、谦和待人。

（2）语速要适度。语速即说话的速度。语速不同，会给对方留下不同的印象。说话的语速要适中，不可过快。语速过快，会给人一种气势逼人、不容对方插话的感觉。在交谈中，要有意识地对语速加以控制，使之保持匀速，快慢适中。语速过快、过慢，都会影响沟通效果。

（3）少用方言、土语。方言是一个地方文化特色的体现，是我国传统文化的重要遗产。方言用对了场合，可以拉近双方的心灵距离。然而，公务人员在公务交往中，会面对来自各地人士，如果你乱用方言、土话等，容易造成双方沟通出现障碍，不利于双方正常交流。

3. 语言要准确

公务人员在交谈中，应当注意语言的准确，以保证沟通的高效性。具体来说，交谈中应注意以下几点。

（1）发音要准确。主要是指发音要标准，不能有错音、错字，让人见笑。还要注意发音清晰，让对方听得清清楚楚，不要口齿不清，含含糊糊，给人一种不自信的感觉。

（2）内容要简明。在谈话时，力求言简意赅，简单明了。避免大量的官腔、套话、废话。

## 二、善于倾听对方说话

善于表达，更多需要技巧。善于倾听，则更多是一种修养。善于倾听，前提是愿意倾听，能耐下心来，用心听对方讲话。你只有愿意倾听，才能让对方愿意与你保持交流。倾听不仅能体现出对他人的尊重，还有利于创造一种对话双方心灵交融的气氛。因此，倾听能有效促进沟通效果。

公务人员在倾听时要注意以下几个礼仪要领。

1. 专注有礼

听别人说话时，应目视对方，专心致志。还可以通过点头、微笑及其他肢体语言的运用，让对方感受到你在认真聆听他的话。这样不仅是给予对方尊重，还能鼓励对方继续说下去。

2. 呼应配合

倾听者对讲话的内容进行适度的回应和配合，可以极大地调动说话者的积极性，加强沟通的深度。

3. 插话适宜

为了适当地呼应讲话者，可以在合适的机会插一两句表示肯定的话，如“你的意思是说……”“我理解你的意思是……”插话的时机最好是对方讲到一些重要意见时。如果你的话符合对方的意图，就会得到首肯。如果不符，对方会趁机给你解释。如此，不仅给对方留下了你听得很认真的印象，还活跃了谈话气氛，加强了互动。

## 三、避开谈话禁忌

公务人员在与他人进行交谈时，根据场合和谈话对象的不同，有一些交谈方式和内容上的禁忌。公务人员要注意这些禁忌，有意识地避免这些错误。

1. 切忌在公共场合高声谈笑

在与他人交往时，应轻言细语，声音的大小以对方听清为宜。讲话时应站在对方身边三五步距离处，不可相距很远高声呼喊。尤其不可在公共场合远距离打招呼、聊天，应待双方靠近后再轻声交谈。

2. 避免谈论低俗话题

公务场合的交谈中，应避开疾病、死亡、灾祸，以及其他不愉快的话题，以免影响情绪和气氛。还应避免谈及怪力乱神、奇闻怪谈、桃色八卦等内容，因为这会显得缺少教养和品味。只有低俗、愚昧的人才会津津乐道谈论这些话题。

3. 不应询问个人隐私问题

个人隐私问题包括工资收入、财产状况、个人履历、服饰价格，以及与对方年龄、身材、体重有关的问题。不可拿他人的容貌美丑，以及身材的高矮胖瘦当话题，这是很没教养的行为。女性一般对年龄和婚姻问题十分敏感，因此也不宜在女士面前谈及婚嫁。总之，有关他人私生活的问题，最后不要涉及，否则容易让他人觉得你是在侵犯他们的隐私权。

4. 把握谈话分寸

谈话过程中要注意分寸。哪些话应该说，哪些话不该说，哪些话是对交往有用的，都是交谈中要考虑的问题。一般来说，善意的、诚恳的、赞许的、谦让的话宜多说；恶意的、虚伪的、斥责的、强迫的话不应说。有些话虽然本意是好的，但语气不当，会适得其反。因此，公务活动中的交谈，必须根据交往的深度把握说话的尺寸，把话说得恰到好处。

5. 切忌在社交场合恶语伤人

在公共场合，哪怕是意见有分歧，也要心平气和地争吵，不要出言不逊，恶语伤人。应该语气委婉地陈述己见，尽量说服对方求同存异。如果当面决裂，是非常尴尬的事。如果你对某个人的印象不好，也不应当面指责。在众人面前直斥他人之过容易被人看作小气、自以为是，不会照顾气氛。

作为一名领导干部，在与他人谈话时，切忌在社交场合态度傲慢、自以为是、目空一切、夸夸其谈。这样既不礼貌，又会引人笑话。

## 第四节　处理公文的礼仪

公文是指政府机关、团体组织处理公务时所用的应用性文体。公文一般有着特定的格式并具有一定效力。公文是公务活动中的一项重要工具。政务公文从写作到处理都需遵守严格的规范，即处理公文的礼仪。对公文礼仪的遵守，不仅是领导干部能力的体现，同时也是国家法律法规的要求。

公文礼仪，即领导干部在奉命代表国家行政机关撰写和办理公文时，所必须遵循的有关规定与惯例。公文礼仪关系到国家行政机关的工作效率与领导水平。了解公文礼仪，是领导干部必备的职业素养。

## 一、了解公文的分类

由于不同种类的公文有着不同的格式要求，以及不同的作用和应用范围。身为领导干部，首先要熟悉公文的分类，避免将各种公文混淆使用，影响公文发挥正常效用。公文可从不同的角度进行分类。

1. 按公文来源分

按公文来源，可分为对外文件、外来文件和内部文件。

（1）对外文件。对外文件是指本机关或部门对外发出的文件。它由本机关撰写印制后发给需要与其进行联系的机关。

（2）外来文件。外来文件是指本机关收到的来自其他机关单位的文件。它由其他单位撰写制发，将其意图传达到本机关。

（3）内部文件。内部文件是指本机关拟制，并在本机关内部使用的文件。如内部会议记录、通知、通报等。

2. 按行文关系分

按行文关系可分为上行文、平行文和下行文。

（1）上行文。即下级机关向所属上级机关所发送的文件。

（2）平行文。即同级机关或不相隶属的机关之间相互来往的文件。

（3）下行文。即上级领导机关对所属下级机关发放的文件。

3. 按作者性质分

按作者性质分，公文可分为法规文件、行政文件和党务文件。

（1）法规文件。法规文件是由国家权力机关和行政机关制定与颁发的文件，包括法律、法令和行政法规等。

（2）行政文件。行政文件是指国家行政机关处理日常工作使用的文件，如通知、请示、报告等。

（3）党务文件。党务文件是指由党的机关和组织制定发布的文件。

4. 按办文时限分

按办文时限，公文可分为特急公文、急办公文和常规公文。

（1）特急公文（特急件）。特急公文是指在传送时间上要求特别紧急的公文。

（2）急办公文（急件）。急办公文是指在传送时间上要求紧急的公文。

（3）常规公文（平件）。常规公文是指按正常规定的时间予以办理的公文。

## 二、学习公文的撰写

公文不同于其他文体，有特定的撰写规范，包括其格式、文风、措辞等。领导干部必须严格按照相关礼仪规范撰写公文。

1. 了解公文的特点

公文的一般特点可概括为以下三点。

（1）权威性。政务公文是由各党政领导机关制发，经过领导人签字盖章的文件，具有一定的权威和效力。

（2）必要性。制发公文前都会考虑有无必要。如果是一个电话就能解决的问题，一般不会制发公文。

（3）政策性。公文的制发必须以国家政策为指导精神，结合当前形势，在国家政策和法律允许的范围内，准确、及时地反映问题和解决问题。

2. 严守公文格式

公文的格式是法定的，具有强制性。公务人员撰写公文时必须严格遵守。按照规定，正式公文的格式一般由以下几部分构成。

（1）公文标题。公文标题用于简要概括公文的主要内容，同时应注明发文机关和公文种类。

（2）发文字号。发文字号指发文机关代字、年号和顺序号。若是由几个机关联合所发的公文，一般只注明主办机关的发文字号。

（3）公章和签发人。所有公文均需加盖发文机关的公章才具有效力。

（4）发文机关。发文机关应用全称或规范化简称。如果几个机关联合发文，则应将主办机关排列在前。

（5）主送机关。公文须明确标注主送机关。请示一般只写一个主送机关，如需同时送达其他机关，一般采用抄报形式。

（6）秘密等级。按照公文的机密性质，公文可分为内部文件、公开文件和保密文件三类。保密文件又可分为秘密公文、机密公文和绝密公文三个等级。如果公文属于保密文件，须标明具体的保密等级。

（7）紧急程度。前文说过，按照公文的紧急程度，公文可分为非紧急公文与紧急公文两类。紧急公文又可分为加急公文和特急公文。

（8）附件。公文若有附件，须在公文之后标明附件的名称和先后次序。

除此之外，公文的格式还包括会议名称、引文、成文日期、印章、正文附件、附加成分。印制公文的纸张一般采用国际标准A4型，并于左侧装订。

## 三、严格遵守行文规则

所谓遵守行文规则，就是要理清行文关系，符合上、下行文与平行行文的具体要求。行文关系是发文机关和受文机关的关系，即各级机关之间公文的授受关系。公文的行文必须严格遵守行文规则，行文关系出现交叉混乱，属于严重违反公文礼仪规范。

1. 明确行文职权

各级政府机关的行文关系必须根据各自的隶属关系和职权范围确定。

（1）各机关部门可同下一级政府的有关业务部门互相行文，也可根据本级政府的授权向下级政府直接行文。

（2）政府各部门可联合行文，联合行文的部门应属同一级别。部门之间若未形成统一意见，各部门均不得擅自向下行文。

2. 禁止越级行文

为避免管理混乱，各级机关均不得越级上报。如因特殊情况必须越级请示，应抄报所越机关。除领导直接交办事项外，请示不可直接交送领导个人。

受双重领导的机关上报公文，应注明主报机关和抄报机关，同时应由主报机关答复所请示的问题。上级机关向受双重领导的下级机关行文，则应同时报送另一上级机关。

### 四、做好公文的办理

公文的办理一般包括登记、分办、批办、承办、催办、拟稿、审核、签发、缮印、用印、传递、销毁等程序。相关的礼仪要求有以下几个方面。

（1）凡需办理的公文，文书部门应及时交由领导人批示或送交有关业务部门办理。若是紧急公文，文书部门应提出办理时限。

（2）已交由领导人批示或送交有关业务部门办理的公文，文书部门要负责检查催办，防止漏办和延误。

（3）各行政机关发出的公文，由机关领导人签发。内容较重要或涉及面广的，由正职领导人或主持日常工作的副职领导人签发。有的公文可由秘书长或办公室主任根据授权签发。

（4）各级领导人应在认真地审核之后进行批复，文件主批人要签署自己的意见、姓名和时间。

（5）上级机关的发文，除注明绝密或不准翻印的内容外，经下一级机关的秘书长或办公室主任批准，可以翻印、转发。翻印时要标注翻印的机关和时间。

（6）公文办完后，要根据有关规定进行立卷归档。公文立卷应根据其特征、保存价值等分类整理，保证齐全、完整、正确反映本机关的主要情况，便于保管、查找和利用。立好的案卷，按照有关规定定期向档案部门移交，个人不得保存存档的公文。

（7）没有存档价值和存查必要的公文，经过鉴别和主管领导人批准，可定期销毁。销毁秘密公文时要进行登记，并由专人监督。

## 第五节　网络办公礼仪

随着互联网的飞速发展，网络已进入各级国家行政机关的办公室，成为公务人员在工作中常用的一种高效便捷的工具。公务人员在使用网络执行公务时，应当遵守网络办公礼仪，体现个人的良好素质，维护国家行政机关的整体形象。

网络办公，指的是以计算机网络为主要工具，以文字、声音、图像及其他多媒体为媒介进行办公的方式。网络，尤其是电子邮件，已经成为公务人员在工作中的一种重要沟通方式。因此，公务人员有必要熟悉网络办公礼仪。

## 一、书写电子邮件的规范要求

电子邮件是比较常用的一种网络交流工具。电子邮件在形式上比正式的信函较为自由，但公务人员不可草率对待。因为电子邮件的撰写和使用同样能够体现一个人的个人素质和职业态度。

使用电子邮件同样需要注意礼仪，以下是使用电子邮件的一些注意事项。

1. 主题明确

电子邮件的标题是很多人容易忽略的问题。虽然标题不是必填内容，但一个概括的、醒目的标题，可以让对方迅速了解邮件的主要内容及其重要性。有时候，对方的邮箱中也许会同时收到大量邮件，你的邮件有一个一目了然的标题，就可能迅速抓住对方的眼球，使其最先查看你的邮件，提高了回复效率。因此，邮件标题不容忽视，特别是在第一次与对方接触时。领导干部最好在标题中注明自己的姓名和机关单位，让对方在打开邮件前就有一个印象。

2. 内容简洁

电子邮件的内容可以比电话多一些，但还是应该限制篇幅。在电脑上阅读时，文章篇幅过长很容易让人疲劳。切记不可长篇大论，尽量做到言简意赅，内容简洁，结构紧凑。文笔虽然不精彩，但一定要流畅通顺，注意打字时不要出现错别字。考虑到在电脑上阅读的习惯，正文内容宜多用短句，少用长句，避免过长的段落。

3、格式规范，内容严谨

公务活动中的电子邮件一定要有统一的格式，以显得规范和正式。电子邮件的格式一般与正规的信件格式相同。须注意几点：首先，称呼要用敬语，邮件末尾的署名要真实，不可使用网名；其次，书写要正规，不宜使用网络用语和网络缩写文字、字符表情等，还要尽量避免出现讲笑话和俏皮话；最后，用词应准确、精当，保证把该表达的意思陈述清楚。避免事后还要发更多邮件或通电话进行解释。

## 二、收发电子邮件的时间要求

收发电子邮件的时间是有讲究的。由于电子邮件不是如电话一样的实时通话，因此何时发送、何时查看邮箱、如何保存邮件都需要注意。具体来说，有以下几个要求。

1. 提前通知收件人

尽量在发邮件之前和对方打好招呼，得到对方的允许，或者至少让他知道某个时间可能有邮件过来。这样可以使对方及时查看你的邮件，并且避免对方误将你的邮件淹没在垃圾邮件中。由于垃圾邮件的干扰，很多收件人查看邮箱时，若联系人未经允许或是第一次见到，收件人会直接将他的邮件归为垃圾邮件，直接删除。所以提前通知收件人，可能是决定你的邮件能被看到的关键一步。

2. 经常浏览收件箱

无论最近是否经常收发邮件，公务人员都应每天打开电脑后，第一时间浏览自己的收件箱，注意有没有来信，或联络对象的回复。如有回复，尽快与对方进行进一步的深入交流。每次浏览收件箱时，及时清理垃圾邮件，注意筛别有用的邮件，不要误删了重要邮件。

3. 及时回复电子邮件

受到了他人发来的电子邮件后，要在第一时间予以回复。如果对方的问题是你无法立刻答复的，要及时咨询、商讨、征求处理方法，有了稳妥的答案后立刻回信。通常来说，回复电子邮件的合理时间在24小时之内。如果你无法在24小时内回复，或不确定何时能回复，应发邮件向对方解释清楚，并约定下次联系的大致时间。

## 三、使用电子邮箱的注意事项

电子邮箱虽然快捷方便，但由于网络安全、上网习惯等问题，很容易造成许多操作上的错误。这些错误轻则影响工作效率，严重时甚至会让工作出错，造成难以挽回的损失。公务人员在使用电子邮箱时，要有意识地避免以下常见的错误。

1. 不要发送私人或机密内容

即使选择“永久删除”，许多软件和网络服务仍然可以访问硬盘上备份的信息。出于安全性考虑，一切涉及个人隐私与政务机密的内容，一律不得在电子邮件中提及。否则邮件一旦发送出去，无法保证有谁会看到这条信息。

2. 做好邮件备份

如果法的电子邮件时间性很强，最好使用邮箱中提示你对方收到时间的功能，然后把这封邮件的内容打印出来或保存成文档，以防万一。

3. 打开邮件之前先查毒

很多网络病毒就是通过电子邮件传播的。为了电脑的安全着想，一定要确保打开的邮件经过了查毒。这也是很多人不愿随意打开陌生人发来的邮件的原因。特别是当自己的电脑处于某个局域网，可能影响到整个部门甚至整个机关单位的时候。

4. 小心使用附件功能

在邮件中加上附件，虽然是一种细心的考虑，但若发送太多没必要的附件，也容易引起收件人反感。附件越大、越多，下载时间就越长，占用收件人电脑空间就越多。有些附件可能收件人早就有了。发送这样的附件，不仅占用自己的发信时间，也会浪费他人的下载和浏览时间，于人于已都不方便。对于篇幅过长的文件，应考虑用传真来代替电子邮件。

5. 小心使用抄送功能

领导干部可能会把自己的邮件像备忘录一样抄送给其他同事或下属。切记：抄送功能不可滥用，否则收件人可能会按照处理垃圾邮件的方式，直接删除。

### 四、遵守网络社交礼仪

除了收发邮件，公务人员还可能使用网络其他功能。无论利用网络完成任何任务，都必须遵循网络交往的礼仪，即“网络社交礼仪”。很多公务活动也具有社交性质。因此，每一名公务人员在上网时都应遵循网络社交礼仪。具体说来，网络社交礼仪主要包括以下几项原则。

1. 公私分明

对于公务人员来说，网络是办公的工具。要做到因公上网、公私分明。特别是在单位里使用网络时，不可做与工作无关的事。严禁在上班时间玩儿网络游戏、上网聊天。这样会大大降低工作效率，浪费单位的资源，耽误工作进度。

2. 控制时间

在利用网络进行一些活动的时候，要注意把控时间。网络活动的虚拟性，网络空间的无限性，都容易导致人的自我放纵，将自己的思想放到网络的无限时空中畅游。这种状态会导致人注意力不集中、行动散漫，时间一长就会使人养成惰性。要避免沉迷网络，可以合理控制使用网络工具的时间与频率。不可过分依赖像电子邮箱这样的网络工具。

3. 尊重隐私

电子邮件或私聊QQ的记录属于个人隐私的范畴。如果你在未经对方同意的前提下，将其真实姓名、所在单位等信息公开，或向第三方泄露通信内容，就会构成对隐私权的侵犯。严重者不仅是礼仪和道德上的失误，还会构成违法犯罪。对此，公务人员必须要提高警惕。

# 第三章　领导干部的日常礼仪

## 第一节　在办公室的基本礼仪

所谓办公室礼仪，是指公务人员在自己的办公室里处理公务时应遵循的礼仪规范。其内容包含办公环境的要求、执行公务的要求、仪容举止的要求，等等。办公室的礼仪对于本人及其所在单位都有着重要意义。

办公室是公务人员工作的主要场所。公务人员在办公室里是否讲究礼仪，不仅关系到国家公务人员的整体形象，而且直接影响公务人员个人和所在机关单位的声誉。因此，公务人员一定要重视办公室的基本礼仪。

### 一、营造良好的办公环境

办公室不仅是公务人员个人工作的地方，还是进行公务接待、洽谈的重要场所。办公室的环境是否优雅，决定了来访者对公务人员和所在单位的印象。一间干净整洁、窗明几净的办公室，能让来访者感到身心舒畅。办公环境还能折射出一个人的工作态度。因此，公务人员对于自己的办公室环境要精心维护。

1. 办公室的布置

办公室一般由办公场所、文件柜、电话机、写字台四部分组成。这四部分的排列布置，决定了办公室的基本空间格局。要运用你的智慧，巧妙布置这四个部分，令你的办公室给人眼前一亮的感觉。

首先，把办公桌放在房间内采光条件最好的位置，尽量正对门口。办公桌应与窗户保持1.5～2m的距离；其次，文件柜的摆放要遵循不占据过多空间的原则。因为文件柜体积较大，一旦放的位置不好，会挤占办公空间，造成一种办公室很拥挤的感觉。文件柜通常摆放在靠墙角位置，也可放置在离工作人员较近的地方，以便于随时查找资料、整理文件。写字台和电话的放置应以便利为原则。电话一般放在办公桌或写字台的右前缘，方便接听。

此外，可用装饰品适当地增添办公室环境的美感。但要注意装扮风格不宜过分新潮、豪奢，应以优雅、轻松、宁静等情调为主。

2. 维护办公室环境美的措施

办公室的环境优美需要日常的精心维护。维护办公室环境应做到以下几个方面。

（1）宽敞明亮。办公室要保持有足够的空间，既是留作待人接客之用，也是为了使办公室保持一定的采光度，让人心情畅快。工作中产生的废纸废物要及时清理，不要把一些不常用的物品放在办公室里。装饰用的物品不宜体积过大，可用一些观赏盆景之类的小物件。

（2）干净整洁。办公室不是完全的个人空间，而是单位为你提供的办公场所。维持这个场所的干净整洁，不仅是一种责任心，更是一个人素质修养的体现。为了维持办公室的整洁，要经常收拾桌面，及时整理文件资料，办公用品要摆放整齐，用过的东西及时归位。经常打扫，保持地面干净，门窗明亮，桌面无尘。桌椅要放置整齐，垃圾桶及时清理。公用毛巾等用具要干净。

（3）适当装饰。如有可能，办公室应做适当的装饰美化。常用于装饰办公室的物品有盆景、工艺品、字画。

## 二、忠于职守，工作勤劳

忠于职守，工作勤劳，是公务人员在办公室应遵守的行为礼仪规范，也是政务人员工作的核心要求。公务员要做到忠于职守，不迟到、不早退，上班时间不处理私人事情，积极对待工作。具体来说，要做到以下几点。

1. 把责任摆在第一位

公务人员肩负着国家赋予的光荣职位，承担着为人民服务的重要使命，时时刻刻都要把责任心摆在第一位。公务人员的责任心，体现在对待工作主动、负责，把自己的本职工作时刻放在心上，尽力将其又快又好地完成。公务员有了新任务立刻行动，不可懒散拖沓，完成任务应及时汇报，不得推迟延误。完成工作要保证质量，不可得过且过，更不能对自己应尽的职责采取糊弄、应付的态度。

2. 专心致志

公务人员处理公务的第一要领是认真。只有养成专心、细心的工作习惯，才能克服粗枝大叶、丢三落四的毛病。工作有大小，但责任无大小。无论处理什么样的工作都要勤勤恳恳，踏实负责。

3. 准时上下班

遵守上下班时间，不迟到，不早退，是工作的底线要求。如有意外情况需迟到早退，应向上级领导说明情况或提前请假。工作时要保持高亢的精神状态，不可无精打采，哈欠连天。尽量不在办公室里睡觉。

4. 公私分明

办公室是工作场所，上班时间内不得在办公室处理私事。在紧张的工作之余稍事休息，有突发情况时与家人朋友联系，这些是允许的，但不能过分。在工作时间，未经准允，不得随意离开自己的办公桌与找同事闲聊，妨碍对方的工作，更不可随意离开办公室，去外面闲逛。

### 三、办公室的仪表着装礼仪

公务人员在办公室的着装要端庄、沉稳、大方。若单位要求统一着装，应尽量穿着规定的工作服；若没有统一着装，宜穿着正装。男士以西服套装和领带为宜，女士以西装套裙、连衣裙或长裙为宜。男士注意不要穿印花或大方格的衬衫，女士不可穿着透明暴露的衣服。

冬天进入办公室应脱掉大衣、帽子和手套；夏天不可在办公室里穿背心、短裤、拖鞋或凉鞋，也不可赤脚穿鞋。

公务人员的头发要经常清洗，保持清洁，男性职员的头发、胡子不宜过长。指甲不可留得太长，要定期修剪、清洁。女性职员不宜涂颜色过于鲜艳的指甲油，不宜化浓妆，不可用味道浓烈的香水。

公务人员在办公室时应容光焕发、精神奕奕，显示出沉着、端庄、自信。这既是为了展现国家公务人员的风采，也是为了让来访的客人及人民群众对相关单位产生亲切感、信任感。

### 四、办公室的言行举止礼仪

办公室的礼仪，还体现在公务人员在办公室的言行举止上。公务人员在办公室要端正自己的言行举止。

1. 举止规范

在办公室时要站有站相，坐有坐相。站姿要挺拔，双脚脚跟着地，脚尖分开约45度，腰背挺直，昂首挺胸，两臂自然下垂，不耸肩，不在他人面前双手交叉抱胸。落座时要轻稳，坐姿端正，双腿平行放好，不允许双腿伸直叉开，移动椅子时人要先站起，把椅子放在应放的位置后再入座。离开办公桌时要将椅子推入桌前。

2. 行为规范

（1）在办公室里行走时步幅不宜过大，动作要轻捷沉稳。不可在办公室大声喧哗、唱歌、吹口哨、追逐奔跑、打打闹闹。

（2）进入他人的办公室时，要先轻轻敲门三声，听到应答再进入。进去后随手关门。如对方正在谈话，要耐心等候，不可随便插话、打断别人的谈话；在别人的办公室里，没有主人提议，不能随便脱下外套，也不要随意做出解扣子、卷袖子、松腰带等动作，这是十分不雅的。未经同意，不得将衣服、公文包放在桌子上。公文包可放在腿上或身边的地上。特别要注意不能乱动别人的东西。

（3）向他人递交文件时，要把文件的正面、有文字的一页对着对方；如递交的东西是钢笔，要把笔尖朝向自己，若是剪刀之类的利器，要把刀刃朝向自己。

（4）不可在办公室吸烟、当众化妆。如需吸烟或化妆，应到专用的吸烟室或化妆间，或者去洗手间。上班时不能喝酒，不能吃零食，尤其不能吃气味强烈的食物。

## 第二节　与他人握手的礼仪

握手是人际交往中向他人表示友好、问候的一种最常使用、适应范围最广的方式，也是公务交往中常用的礼节。这项礼节虽然普通，但若能用好，可以达到良好的交际效果。公务人员若能充分运用握手的艺术，有助于扩大交际圈，巩固社交成果，且有助于必要的感情交流。

握手是一种古老的礼仪，可表示多种含义，包括致意、寒暄、亲近、友好、感谢、慰问、祝贺、道别，等等。从握手中往往可以探知一个人的情绪和意象，因此握手被认为是人类重要的“次语言”之一。握手作为一种古老的礼节，有着很多讲究。公务人员须充分了解握手的礼仪要求。

### 一、握手的场合和意义

握手作为一种“次语言”，具有令双方交流感情的重要作用。得体、温情而文雅的握手，甚至可以加深人们之间的信任，成为消除误会、拉近距离、建立联系的契机。握手可传递的意义有以下几种。

1. 表示亲切

握手最常见的含义是向对方表达亲近之意。如果是熟人见面，握手可传递多日未见的亲热情感；若是互不相识的人见面，握手就是建立情感联系的开端。

2. 致意问候

见面时的握手礼除了表示亲切，还有向对方致以问候的含义。已熟识的人分别时，握手还可传递道别时的叮咛与祝福。

3. 相互和解

握手有时象征着和解。据说握手的起源就是一种表示和解的仪式。西方中世纪的骑士相互格斗，势均力敌时，会用握手作为讲和的表示。把平时持剑的右手伸向对方，证明手中没有武器，以求握手言和。后来这种仪式演变成国家之间言和的象征。

4. 祝贺感谢

握手除了作为见面、告辞、和解时的礼节外，还可以表达祝贺、感谢或相互鼓励。如对方取得某些成绩与进步时，接受任命或领奖之后，均可用握手来表示鼓励、祝贺、感谢等。

## 二、与不同人握手的礼仪要求

握手的礼仪因人而异。除了握手的意义、场合之外，对方的身份、级别、性别等，也对握手的方式产生影响。

1. 与女性握手的礼仪

握手的礼仪中，次序很重要。男性与女性握手时，应等女性首先伸出手。男方只要轻轻一握以表礼貌即可。如果女方没有主动提出握手，男方可通过点头、微微鞠躬等代替握手。请注意，男性若主动伸手去和女性握手，是不适宜的。

男性和女性握手时的力度太大或时间太长也是不礼貌的。一般来说，力度应轻一些、时间应短一些，摇晃时幅度不可过大。要把握好握手时摇晃的力度和幅度，用力过猛固然不可，但用力过小也会使对方感到你在假意敷衍。

2. 与老人、长辈或贵宾握手的礼仪

同老人、长辈或贵宾握手，不仅是为了致意问候，还是一种尊敬的表示，要注意以下几点。

（1）握手时要注视对方眼睛，面带微笑，不可在握手时目视别处或与他人说话，那是极不礼貌的行为，不可在握手后当着对方的面擦手。

（2）握手的惯例是“先伸手者为尊”。同老人、长辈或贵宾握手时，应等对方先伸手，自己才可伸手相迎，否则是不礼貌的行为。

（3）握手时身体要微微前倾，不可昂首挺胸。要举止大方，不能因对方是长辈或贵宾就过分拘谨，战战兢兢。握手时只需手指轻碰到对方手掌就算握手礼成立，不可因感到“荣幸”而久握对方的手不放。

（4）当对方向你伸手时，应快步上前，用双手握住对方的手，这也是一种尊敬对方的表示。打招呼时可根据场合致以适当的问候，如“您好”“欢迎您”“见到您很高兴”等话。

（5）多人聚集在一起时，握手的顺序是贵宾、老人在前，同事、晚辈在后。女士在前，男士在后。还必须注意，不能几个人相互交叉握手，或跨门槛甚至隔着门槛握手。

3. 与上下级之间的握手礼仪

在与上级或下级握手时，除了应遵守一般性的握手礼节外，还应注意以下几个方面。

（1）根据“先伸手者为尊”的惯例，上级为了表示对下级的友好、问候，可先伸出手。下级一般不宜主动伸手握手。如在公共场合遇见上级领导人，应有礼貌地点头致意或用语言表示欢迎，但不宜主动上前握手。

（2）当同时遇到几个人都是你的上级时，握手应尽可能按其职位高低的顺序，也可等他们中的一位进行介绍后，再由你同对方一一握手。如果几个人的级别相当，握手应首先从长者或女性开始，然后是其他人。若长者中有自己比较熟悉的人，握手时应说些“近来身体可好”之类表示问候的话。

（3）上级与多位下级握手时，一般也按照其职位高低顺序排序，遇到自己熟悉的下级，握手时也应说些问候和鼓励的话。

## 三、握手的禁忌事项

（1）握手必须用右手，不可用左手与人握手。尤其当对方是外宾时。在世界许多国家和民族，如阿拉伯人和印度人的文化习俗中，左手象征着不洁，用左手与他们握手是一种侮辱。

（2）握手的姿势必须正确。除了在少数场合，年长者或女性可以坐着握手外，握手时必须站起身来；握手时上身自然前倾，行15度欠身礼。手臂抬起适当的高度；伸出手时，手掌垂直于地面，手心向下或向上均为失礼。

（3）握手时不宜用力过紧，但必须保证掌心相贴，且五指都要相握。不要只握住对方的手指尖，这样好像刻意与对方保持距离。很多男士与女士握手时只握四指以表矜持，但这种方式严格来说是不礼貌的。在男女平等的今天，男女之间握手也应大方、平等，符合握手的通用惯例；两手相握后，保持3～4秒，上下晃动以最多2次为宜。双手一触立刻把手收回会显得缺少诚意，握着对方的手不放则会引起尴尬。不可把对方的手拉过来、推过去，或没完没了地上下摇晃。

（4）忌交叉握手。握手时与另外两人相握的手相交叉，这种形状类似十字架。在西方的基督教文化中，这是很不吉利的。因此切记不可与人交叉握手。与多人进行握手时，应按照顺序一一握手，与另一方呈交叉状，甚至同时伸出左手与他人握手，都是严重的失礼行为。

（5）不可在握手时戴手套或戴墨镜，只有女士在社交场合可戴着薄纱手套握手。不要在握手时另一只手插在衣袋里或拿着东西。

（6）注意手部的卫生。平时除了个人仪容的整洁大方外，还应注意双手的卫生，当双手不干净时，不能和他人握手。如果有人像你握手，而你正在洗东西等，可先点头致意，简单说明一下情况并表示歉意，以取得对方的谅解。然后赶紧洗好手，与之热情握手。

## 第三节　工作中待人接物的礼仪

礼仪的“礼”字指的是尊重，即在人际交往中既要尊重自己，也要尊重别人。所谓礼仪，主要是待人接物的要求。公务人员在日常工作中，处处需要与他人打交道。与同事的交往、与上下级的交往，处处渗透着对礼仪的要求。

公务人员在待人接物中讲究礼仪，对于本人、单位都有着重要的意义。对人热情，以诚相待，不卑不亢，表里一致，既可展现对他人的尊重，也可以显示出本人的品德修养，还有利于维系一个机关单位的凝聚力。

## 一、处理好同事之间的关系

同事是朝夕相处的工作伙伴。同事之间的团结和睦，对保证一个单位的凝聚力、工作效率、工作风气有着重要的作用。同事之间，理应互相关心、互相帮助。大致来说，公务人员在于同事相处共事时，在礼仪上要做好下述几点。

1. 同事之间要平等相待

与许多位同事一起相处，应力争做到落落大方，不偏不倚，不分亲疏。不要凭个人喜好随意地偏帮某些人、冷落某些人，不可在支持一些人的同时孤立一些人、打击一些人，拉帮结派。

2. 同事之间要以诚相待

同事关系，应当是光明磊落、坦坦荡荡的交往。对待同事理应互相信任，踏踏实实，以诚相交。在同事面前切勿虚情假意，人前一套人后一套。真诚是建立信任的基础。只有对别人真诚，别人才愿意对你付出真心。两面三刀的人最后必定失信于人，被同事疏远。

3. 同事之间要相互帮助

当同事需要自己的帮助时，理应责无旁贷，热情助人。不要斤斤计较，凡事都要算计一番。大家在一个单位工作，总会有需要通力合作的时候。遇到困难，大家应携手度过。今天你帮助了别人，将来别人才愿意帮助你。所以说，应当诚心诚意地与人为善，助人为乐，培养同事之间的默契。

4. 同事之间要相互关心

不要只看到同事之间的竞争关系，对其处处提防。更不能在工作上互相拆台，算计同事。你与同事之间，大多数时候需要的是合作而非竞争。当然，关心同事的限度是不得干涉他人的私生活，不得随意打听、传播他人隐私，不得对对方的正常工作进行干扰或妨碍。理想的同事关系，应该是平时不过分亲近，不拉帮结派，保持平淡如水的社交关系，遇到困难时却能默契配合，共渡难关。

## 二、处理好与上级之间的关系

公务交往的很大一部分内容是内部交际，即领导干部在处理自己的公务时与内部人员之间的往来。在内部交际关系中，根本的原则是依法行政，一切符合国家的法律法规，全心全意地处理自己的政务，这是基本要求。但领导干部在处理政务时，想要办好事，就要处理好内部的人际关系。处理好内部关系是领导干部做好本职工作的基础和保证。

公务人员同上级相处时，需要注意以下几个方面。

1. 尊重上级

尊重上级，是工作中的一条基本原则。下级服从上级，是国家机关提高办事效率、维护政府权威的重要保障。要增强服从意识，服从命令，听从指挥。即使在工作中遇到什么疑问，也要通过正规的途径和正确的方法向上级反映，不可有对抗的态度。在他人面前，尤其是外单位人员面前，要努力维护领导的形象和声誉，不说有损领导形象的话，不做有损领导形象的事。更不可在背后议论领导。在平时的工作中，做到不越位、不添乱。

2. 配合上级

所谓配合上级，就是要做好本职工作。做好本职工作，完成上级指派的任务，就是对上级工作的支持。恪尽职守与配合上级、支持上级本质上是统一的。

作为下级，尊重领导、支持领导，表现在实际行动上就是要积极配合他的工作，这是和上级处理好关系最基本的要求。如果在工作中遇到某些问题，要及时反映问题，积极提出建议。

3. 主动办事

上级都希望自己的下属职员可靠、可信、能任劳任怨、独当一面。办事积极主动，既是提高自己的工作效率，又是帮了上级的忙。办事自觉主动的人，不用刻意修饰自己的业绩，上级也能看到他的作为。在一个集体中，最受欢迎的就是能服从大局，与他人同舟共济的人。出了问题不推诿，勇于承担责任，以集体为重，不计较个人恩怨，不纠缠于个人得失，这样的人自然是领导眼中最有提拔价值的骨干力量。

与领导相处，不可过分亲近。注意保持适当的距离，过于亲密就可能冒犯领导的权威，还可能被他人视作“献媚”。和异性领导之间，更要注意分寸。给领导提建议、意见时，要选择适当的时间、场合，注意方式、方法。

4. 换位思考

学会换位思考，就是学会站在领导的角度看问题。换位思考是一个解决隔层关系之间矛盾的有效方法。有时候，下级难免对上级的决策、办事方法感到不理解，甚至有时会觉得上级对自己的要求不合理、不近人情。这实际上是与上级之间缺少有效沟通理解的问题。在沟通理解的过程中，如果永远只从自己的立场出发，把眼光固定在自己的高度上，这样的沟通只会恶性循环。

站在领导的角度看问题，有时你就会找到双方的分歧所在。领导的位置比你高，看得比你更远、更广。有时候，领导是站在全局的角度，为了大局才做出某个决策。只有学会站在领导的角度思考，才能放下自己心中的偏见，体谅领导的苦衷。

## 三、处理好与下级的关系

对待下级，也是领导干部不可忽视的问题。尊重、照顾与体谅下属，是领导干部在处理自己与下级的关系时应当遵循的原则。

1. 尊重下级

上下级关系，不应超出工作的范畴。上级与下级的区别，只是二者在工作中的分工不同。上下级本质上还是一种同事关系。作为上级必须在人格上给予下级充分的尊重，不要对下级不屑一顾，嗤之以鼻。对待下级的意见、建议，要表示鼓励，认真研究，予以答复。在布置工作时，态度要亲切、温和，要给下级提出疑问的机会，不可过分霸道严苛。工作中出了问题，要勇于承担责任，先主动做自我批评，然后认真查找原因，分清责任。批评、处罚下级时要有理有据，令人心服口服。

2. 照顾下级

与下级相处，不可拉帮结伙，任人唯亲，以个人好恶为标准，搞自己的小圈子。身为领导干部，要体谅下级的难处，了解下级的工作状况，这样才能及时发现下级工作中存在的问题，指点帮助下级及时改正。在工作之余，要有意识地与下级进行沟通交流，积极主动地表示关心，在合理的限度内帮助自己的下级。这样有利于打破上下级之间的代沟，鼓励下级向上级反映问题、提供情况，有利于领导干部做出更加科学合理的决策。

当然，帮助下级不是要不顾原则，搞利益交易，而是重在思想上、心理上的帮助支持。也可以对下级在生活上予以照顾，前提是在合乎规章制度的条件下。

3. 体谅下级

在工作中，每个人都会遇到困难，每个人都有自己的难处。身为领导干部，不应对下级乱发脾气。所谓的“不讲情面”是指在工作中坚持原则，不徇私情，但这并不意味着冷酷无情。上级应对下级的困难、委屈和苦衷有所了解，并加以体谅。这样做，同在工作中严格要求下级并不矛盾。

## 第四节　在单位的日常问候礼仪

人际关系的维持离不开情感的润滑剂，而情感的表达常常要通过一定的问候来传递。日常的交际中免不了相互问候。掌握问候的礼仪，是公务交往的客观要求。问候的礼仪中，礼貌用语是主要内容。公务人员应要把握住这把人际交往的钥匙。

问候就是向对方说一些表示良好祝愿或欢迎的话。问候是一种予人温暖的礼节。真诚地问候他人，可以增进感情，增加生活乐趣。问候也是日常交谈的重要组成部分。在交谈中加入一句问候，有助于交往双方之间拉近感情，产生好感。

### 一、问候的不同类型

问候根据场合、对象的区别，有不同的类型和方式。常见的问候形式有一般问候与特殊问候两种，公务人员在工作中使用较多的是一般问候。

1. 一般问候

一般问候是日常生活中相互认识的人之间进行的礼节性问候，应用的场合与范围较为广泛。可用于亲朋之间、同事之间、师生之间的问候；可用于出门上班，熟人相互见面时的问好，如“早安”“早上好”，可用于下班时与同事作别，如一句简单的“再见”。一般性问候不限场合，家庭中与爱人、父母之间，社交场合与熟人、朋友之间的打招呼、问好，都属于一般问候的范畴。

凡是认识的、不认识的人，无论是亲朋好友，还是点头之交，只要在社交场合有一面之缘，都应致意问候。一般问候可谓是人际交往的第一道程序。如果见到别人时吝啬一句问候，视若无人甚至一脸冰霜，会被认为是目中无人。这样拒人于千里之外的态度，又如何能同对方从陌生发展成熟识呢?

2. 特殊问候

特殊问候主要是指在节日、婚嫁时的问候与道贺，以及死丧和不幸时的问候与安慰。特殊问候主要用于熟人之间的婚丧嫁娶之时，但公务人员在工作中也可能用到特殊问候。如职工遭遇不幸，领导干部到家中慰问时。

特殊问候要注意约定俗成的惯例。

（1）尊重老人和女士，即在顺序上应是男士先慰问女士，晚辈先慰问长辈，年轻人先问候老人，下级先问候上级。

（2）主动问候，这是对他人表示尊重的做法。即使对方比你年长，主动问候也不会有失身份，反而能拉近感情。

特殊问候的方式多种多样，包括口头问候、书信问候、寄贺卡或明信片问候，电话问候，等等。有条件的话，还应适当送些礼物。礼物不在于价格高低，关键是一份心意，一份关怀。

## 二、适当寒暄，拉近距离

寒暄是指交往双方初次见面时用于问候的应酬语或客套话。初次见面时，少不了说一些客套话打破僵局，拉近双方的距离，以方便开展进一步的交往。因此，寒暄的作用也不容小视。适当地运用寒暄，能够营造良好的交谈气氛。寒暄具有问候的一般特点，即要针对不同的人、不同的场合，不可一概而论。

1. 一般型寒暄

这种寒暄在内容上比较随意，谈论的内容可包括饮食起居、天气冷暖、新闻热点、工作情形，等等。一般型寒暄在形式上的特点是简短，内容上的特点是谈话内容并不代表讲话者的真实意图，只是起到暖和气氛的作用。但要注意，一般型寒暄尽管可以随意，但仍要遵守不打听他人隐私的原则。

2. 求同型寒暄

在人际交往的过程中，如果双方能够在诸如出生地、毕业学校、日常爱好等方面找到共同点，往往能迅速打破僵滞的局面，使交流事半功倍，迈向亲密融洽的下一阶段。求同型寒暄，就是要寻觅这个共同点。谈话者一般根据某些依据，如口音中共同的“乡音”，利用求同型寒暄有意识地将谈话方向朝着双方的共同点引导。

3. 仰慕型寒暄

这种寒暄是由于仰慕对方的人品、学识、社会地位而在措辞上表现出的谦恭性的客套。在日常的人际交往中，如“×××先生，您的大作我已经拜读了，真实受益匪浅”“×××先生，久仰大名，今日见面不胜荣幸”“×××先生，您的风采早有耳闻，今日一见果然气度不凡”之类，都可划分为仰慕型寒暄。这类寒暄较之一般型寒暄显得更加客套、礼貌、正规。

### 三、问候中常用的敬语

问候常常伴随着敬语的使用。敬语是为表示对他人的敬重、礼让、感谢等内容所使用一种语言表达方式。敬语是向他人表示尊重并获得他人尊重的必要条件。在亲切的问候中适当地加入几句敬语，能有力地推动人际交往向和谐融洽的境界发展。公务人员应熟悉敬语的各种类型，学会如何在问候中使用敬语。敬语通常可分为以下几类。

1. 问候型敬语

问候型敬语专指人们见面问候时使用的敬语，如“您好”“早上好”“好久不见”等。问候型敬语的使用既能显示亲切，表达尊重，而且也充分体现了说话者的教养和礼貌。这类敬语也是问候中最常用到的。

2. 请求型敬语

请求型敬语是在感谢他人对自己的关照，或在请求别人帮忙时使用的一类敬语，这类敬语包括“请”“劳驾”“拜托”“请多关照”“承蒙关照”等。

3. 道谢型敬语

道谢型敬语是对他人的帮助、支持、关照、夸奖表达谢意时所使用的敬语。

这类敬语除了最常用的“谢谢”之外，还包括“承蒙夸奖”“不胜荣幸”“承蒙提携”等。

4. 致歉型敬语

致歉型敬语是在打扰到别人、占用了他人的时间后，向对方表示歉意所用的敬语，如“对不起”“请多包涵”“打扰您了”“给您添麻烦了”“非常抱歉”等。

5. 其他类型的敬语

在人际交往中，敬语的使用是非常普遍的，除了上述四种常见类型的敬语外，还有很多种在不同场合下使用的敬语，如等待客人说“恭候”；请人勿送说“留步”；陪伴他人说“奉陪”；中途告辞说“失陪”；向人道贺用“恭喜”；称赞观点用“高见”；谈及来信用“惠书”等。

无论是哪种类型的敬语，在使用过程中都要注意几项要点：第一，本着诚心诚意的原则，不能只作为形式上的应付或敷衍，你的诚意，一定要让对方感受到；第二，敬语的使用要灵活，学会分场合、看氛围，既要彬彬有礼，又不能显得刻意庸俗；第三，使用敬语时要注意对方的反应，并辅之以必要的体态语言。

**四、问候中使用的谦语和雅语**

问候他人时，还经常会用到谦语和雅语。

1. 谦语

谦语亦称“谦辞”，是表示谦恭或自谦的一种用语。谦语表示自谦时，多用于在他人面前称呼与自己有关的人。如“家严”“家父”“家兄”等；谦语还可用于对他人表示尊敬，如称呼客人为“贵宾”；到访某地称“贵地”；敬问别人何事用“贵干”；称呼对方父母为“高堂”；称呼对方学生为“高徒”；称呼对方子女为“令郎”“令爱”等。

2. 雅语

雅语是指一些比较文雅的词语，一般用于正规场合，使用雅语能够体现一个人的文化素养，还能表现出对他人的尊重。例如，当给客人端茶时，可以对客人说：“请用茶。”如果还有点心，可以说：“请用茶点。”在宴席上先于别人结束用餐，或中途因事离席，应向其他人打招呼说：“请大家慢用。”

# 第四章　领导干部的社交礼仪

## 第一节　自我介绍与听取他人介绍的礼仪

自我介绍，是指在人际交往中，主动把自己介绍给对方，使对方认识自己、了解自己。在很多社交场合，公务人员为了多结交一些合作伙伴，需要主动趋前将自己介绍给对方。介绍他人，则是为不认识的双方进行相互引见，或把一个人引见给其他人的一种介绍方式。

恰当的自我介绍，不仅能令他人了解自己，有时还能创造出意料之外的交往契机。介绍他人，则是帮助他人建立起一座沟通的桥梁。无论是自我介绍或是介绍他人，都需遵守必要的礼仪规范。

### 一、自我介绍的礼仪规范

自我介绍是向别人展示自己的重要手段。自我介绍好不好，直接关系到你给对方留下的第一印象的好坏。自我介绍的注意事项有如下几种。

1. 仪态大方，表情亲切

向别人介绍自己时，必须仪态大方、举止得体，表情要亲切、坦然，面带微笑，富于亲和力。讲到自己时，可将右手放在自己的左胸上。自我介绍切忌神情慌张、口齿不清，显得不知所措，这会令人觉得你对自己缺乏自信。一个自己都对自己缺乏信心的人，别人也很难相信你是个优秀的人。

2. 把握自我介绍的机会

进行自我介绍，一是要考虑场合，二是要抓准机会。先要考虑当时的场合是否适宜进行自我介绍。若对方正埋头工作，或正与他人交谈，兴致正酣，这时若打扰到人家，则会显得失礼。当对方一人独处或未忙于某项工作时，进行自我介绍能产生比较好的效果。

3. 把握自我介绍的分寸

自我介绍时的措辞要谨慎，内容应实事求是、恰如其分。切忌夸大其词，一味地吹捧拔高自己。吹牛皮总会有被识破的一天，到那时只会给别人留下恶劣的印象。自我介绍时应本着实事求是原则，给人以诚恳、坦率、值得信赖的印象。

4. 掌握好基本程序

自我介绍的一般程序是先向对方点头致意，得到回应后再用简洁的语言介绍自己的姓名、身份、单位等有关情况。介绍时的语言要热情友好，身体动作要协调统一，眼睛要注视对方。

## 二、自我介绍的方式

根据场合和目的的区别，自我介绍可分为多种方式。

1. 应酬式自我介绍

在某些正式的公共场合或一般性的社交场合，如宴会、庆典之上，可以使用应酬式的自我介绍。应酬式介绍的对象是交往不深的人，或者只是进行礼节性接触的人。这时的自我介绍更多是为了确认对方身份或向对方打招呼。这类介绍的特点是简短，一般只介绍姓名，如“您好，我叫×××”或“我是×××”。

2. 工作式自我介绍

工作式的自我介绍，主要用于平时的工作和公务交往之中。这种自我介绍带有明确的工作目的，一般是为了工作而必须同对方交往。工作式自我介绍的内容包括本人姓名、供职单位及部门、负责的职位或从事的具体工作三部分。

三要素缺一不可，除非能够确定对方已熟知。有时，个体的工作部门可以不报出。凡担负职务的，尽量报出职位，若职位较低或无职位，可报出目前所从事的具体工作。

3. 交流式自我介绍

交流式即前文所说的，为了使对方认识自己、了解自己而作的自我介绍。有时在社交活动中，我们希望同一个关系并不熟络的人建立联系，拉近关系，或与感兴趣的对象进行更进一步的交流沟通，这时就需要进行交流式介绍。交流式的自我介绍，内容上较为随意，可包括介绍者的姓名、工作、籍贯、学历、兴趣等。

4. 礼仪式自我介绍

在一些正规而隆重的场合，如讲座、报告、演出、庆典、仪式之上，作为嘉宾、主持人、发言人等重要人物，应向在场人员进行礼仪式自我介绍，以示对介绍对象的友好和尊敬。礼仪式的自我介绍要格外重视礼貌，措辞要用敬语，内容一般包括姓名、单位、职务、敬语，以符合在这些场合中的身份需要。

### 三、介绍他人的礼仪规范

1. 介绍者的礼节要求

首先是介绍者的身份有一定讲究。在较正式的场合，不可随意给他人进行引见。需注意自己的身份，以及被介绍者双方的身份。在一般交往中，东道主、长者、家庭聚会中的主人、专职人员（公关、礼宾、文秘、办公室接待者等），宜担起为他人进行介绍的任务。在正式的宴会、仪式上，一般是主要负责人、身份级别较高者或指定介绍者为他人进行介绍。在这种场合，若是少数几个人在宴会上碰面，也可由熟悉双方的人充当介绍者角色。

介绍者要妥善解决的一个问题是介绍的顺序。按照国际惯例，应将首先知道对方是谁的优先权赋予更加受尊重的一方。常用的介绍顺序是：将男士介绍给女士；将年轻人介绍给长者；将职位低者介绍给职位高者；将客人介绍给主人；将晚到者介绍给早到者；将未婚者介绍给已婚者。

介绍者在进行介绍时，自己应面带微笑，态度亲切，用自己的视线把一方的注意力引导至被介绍的人身上。介绍时的语言要简短清晰，不可啰唆烦冗。

2. 被介绍者的礼节要求

作为被介绍者，当介绍者询问自己是否有意认识某人时，一般不宜拒绝，应欣然表示接受。当介绍者为自己进行介绍时，无论是否真心想认识对方，都要表现出积极主动的姿态，直面对方，面含微笑。这既是表达对结识对象的尊重，也是表达对介绍者的尊重。若被介绍者坐在座位上，这时应起立。宴会、谈判会，则只需略欠身致意即可。

## 四、介绍集体时的礼仪规范

介绍集体，是指为一个以上的众人进行介绍，被介绍者是两人或多人。进行集体介绍应注意的礼仪规范包括以下几个方面。

1. 介绍的场合

在某些场合，相关负责人理应进行集体介绍，否则会缺失礼数。应当进行集体介绍的场合包括：大型的公务活动；涉外交往活动；正式的大型宴会；规模较大的社交聚会；家庭性的私人宴会；规模稍大的会议；演讲、报告、比赛；正式的会见、会谈；接待参观者、访问者等。

2. 介绍集体的顺序

介绍多人时，顺序格外重要。身为介绍者，要能在进行介绍时迅速根据对方的身份级别在心中排好顺序，这是公务人员应当具备的职业素养。介绍集体可参考以下两种排序方式。

（1）按照身份级别排序。若被介绍者双方的职务、级别存在明显差异，则应首先将级别较低的一方介绍给级别较高的一方。在被介绍的多人之中，也要按照“由尊到卑”的顺序，按照级别由高到低将其介绍给对方。

（2）按照人数进行排序。当被介绍者双方地位、级别大致相当，或难以确定时，应当首先将人数少的一方介绍给人数多的一方，将一个人介绍给多个人。

## 第二节 名片礼仪

名片是人们用于交际或送给他人作纪念的一种介绍性媒介。名片具有印制规范、文字简洁、使用方便、便于携带、易于保存等特点，因此在人际交往中具有广泛的用途。作为一种用于自我介绍的媒介物，名片可在社交场合帮助人们证明身份、广交朋友。

由于名片方便、实用，如今使用的人越来越多，使用范围越来越广。公务交往中也经常会有交换名片的场合。领导干部要重视名片的使用，将其作用提升到塑造个人形象的高度来加以充分的重视。在公务交往中，若想正确使用名片，就应对名片的分类、用途、交换的场合和礼仪等具体问题进行充分的了解。

### 一、名片的用途

如欲正确使用名片，首先要明确名片有哪些用途。名片的用途决定了哪些场合适宜交换名片。除了进行自我介绍，名片还具有多种多样的用途。具体而言，包括以下几种。

1. 进行自我介绍

这里指的是与某人初次会面时，向他人递交名片介绍自己。这时名片具有辅助自我介绍的作用，甚至承担了自我介绍的大部分内容。由于名片上印有详细的个人信息，因此用名片辅助自我介绍，不仅可以说明自己的身份，还可以简化自我介绍的语言，节省时间，避免啰唆。

2. 广泛结交朋友

递交名片这一行为是具有象征意义的。主动把名片递给别人，不仅是为了辅助自我介绍，更是向对方传递了一个信号：渴望与对方结识或深交。主动递交名片，表示了对对方的友好和信任。因此，切记不可胡乱递交名片。没有必要每逢遇见陌生人便上前递交自己的名片。递交名片的对象，应该是经过选择后愿意与自己进一步交往的人。再者，随手分发自己的名片，会让人觉得你这个人交友没有原则，只顾推销自己，很可能适得其反。

3. 维持双方联系

名片被视作袖珍通讯录。收到名片的人，可根据它提供的详细信息，随时与名片的主人联系。所以说，名片具有维持联系的作用。这一点可以弥补当面自我介绍的不足。当面的自我介绍，可能过一段时间就被对方遗忘了。但如果对方持有你的名片，就多了一份与你再联系的希望。也正因为有了名片提供的个人信息，人们的交往联络才变得更加方便。

4. 进行业务宣传

公务式名片上印有归属单位等内容，因此通过名片也可为本人及其所在单位进行业务宣传，扩大交际面，争取潜在的合作伙伴。

5. 通知变更事项

如遇晋升职务、乔迁新居、变换单位、电话改号等，须及时向他人通报变更事项。这时一张新名片即可将最新情况告知他人，使彼此的联系保持畅通。

6. 用作拜会他人

初次前往他人居所或工作单位进行拜访时，直接闯入是不礼貌的。可将本人名片交由对方的门卫、秘书或家人，托其转交给被拜访者，一方面通知对方自己的来访，二来方便对方确认来者何人，并决定见或不见。这种做法比较正规，可避免冒昧造访带来的失礼。

## 二、名片的类型

根据内容、用途的不同，工作中常用到的名片可分为应酬式名片、社交式名片、公务式名片、单位式名片四类，前三类又统称为个人名片。在正式的社交场合，根据交往对象的不同使用哪种类型的名片是有讲究的。当今社会，一个人身上同时携带多种名片不足为奇，如果把各种类型的名片混着用，不分对象与场合地递送，是十分失礼的。因此，公务人员应熟悉名片的各种类型和适用场合。

1. 应酬式名片

应酬式名片主要用于在社交场合接触他人时说明身份。应酬式名片递交的对象主要是初次见面者或泛泛之交。应酬式名片的内容通常只有个人姓名与联系方式。

2. 社交式名片

社交式名片是指适用于在社交场合，用作自我介绍或留下联系方式之用的名片。社交式名片的内容主要包括个人姓名和联系方式。联系方式这一项，又包括电话号码、家庭住址、邮政编码等内容，一般不会印办公地址，以示公私有别。联系方式的具体条项可根据个人意愿灵活掌握。若不喜欢被人上门打扰，可只印住宅电话号码，而不印家庭住址与邮政编码。

3. 公务式名片

公务式名片，是在公务交往中所使用的个人名片，较之其他类型的名片更为正式、正规，它也是最为常见的一种个人名片。公务式名片对内容和格式的要求比较严格，主要内容必须包括归属单位、本人称呼、联系方式三大项。

（1）归属单位。这一项又由企业标识、供职单位、所在部门三部分组成。若有多个供职单位或所在部门，印制时可酌情选择一个或两个主要单位或部门，但不宜多于两个，免得给人用心不专的印象。必要时，可印制多套名片，每一套上印着的供职单位或所在部门均不同，以适应不同的场合和需要。另外，供职单位与所在部门均应采用全称。

（2）本人称呼。本人称呼由本人姓名、所任职务组成，有时还会附上学术头衔。职务和学术头衔不宜太多。

（3）联系方式。这一项又包括单位地址、办公电话、邮政编码三部分。这三项合称为“联系方式三要素”，在公务式名片上缺一不可。本着公私有别的原则，公务式名片上不宜印制家庭住址与家用电话。另外，可酌情决定是否印上手机号码、传真号码与电子信箱地址。

通常情况下，本人称呼应以大号字体印在名片正中央，归属单位与联系方式则分别以小号字体印在名片的左上角与右下角。如有必要，可在名片的另一面印上本单位的经营范围。

4. 单位式名片

单位式名片多为工作单位所用，主要作用是进行对外宣传和推广。它的内容主要包括两方面：一是单位的全称及其标识；二是单位的联络方式。后者又包括单位地址、邮政编码、单位电话（包括总机号码或公关部、销售部号码）。

## 三、递送和接收名片的礼仪

递接名片是正式场合中一个具有象征意义的举动，其过程包含了许多规则。公务人员千万不可小看了递接名片的礼仪。

1. 双手递接

向对方递交名片时，应面带微笑，注视对方，用双手的拇指和食指分别持握名片上端的两角递给对方。中国人讲究用双手递交东西，因此应用双手递交名片。若是在外事活动中，由于外宾的礼仪习惯与中国不同，可能单手递给你名片。这时，你也可单手接名片，或用单手递送自己的名片，但要注意尽量使用右手。

2. 起身相接

接收他人递来的名片时，应起身相接，并且身体微微前倾，用双手的拇指和食指接住名片的下方两角。只有少数场合下女性可不用起身。名片接到手后，要认真看两眼，切勿随手扔到某处或攥在手里。如果是初次见面，最好当着对方的面将名片上的重要内容读出声来，朗读的重音放在对方的职务名称、学术头衔等体现对方身份的内容。

3. 自我介绍

给别人递交名片的时候，最好做一点自我介绍，如“请笑纳”“这是我的名片”“请你收下”“希望我们今后保持联系”之类的客气话。尽量不要一言不发，哪怕只是客套几句也好。若只是把名片塞给对方，一句话也不说，可能不会给人留下好印象。

4. 正面朝上

递交名片的时候，一定要把名片的正面朝向对方。不要背面朝上或颠倒着递给对方。若对方是外宾或少数民族人士，最好将印有对方看得懂的文字的那一面面向对方。

## 第三节　就餐礼仪之中餐

在各种社交场合与正式宴会上，用餐环节都是必不可少的。就餐的礼仪，是公务人员的必修课之一。中餐和西餐的就餐礼仪有所不同。中国的饮食文化源远流长。中国自古为礼仪之邦，在对饮食文化的追求中，饮食礼仪自然成为一个重要的组成部分。

一场传统的中餐宴席，包括凉、热、荤、素等多种菜式。宴席自古就是中国人进行家庭聚会、公务交往、商业谈判的重要场合，从中衍生出了丰富多彩的中餐礼仪。中餐的就餐礼仪，体现在座次、点菜、上菜、吃菜、饮酒、敬酒、饮茶等许多方面。

### 一、中餐的座次礼仪

宴席上的座次安排，是中国饮食文化中十分重要的一项。从古至今，因为桌具的演进，座位的排法也不断地发生变化。座次安排上最重要的是主客的位置。中国在饭桌上的讲究是“尚左尊东”“面朝大门为尊”。若是圆桌，则正对大门的为主客，距离主客位置越近的人地位越尊崇。相同距离下，左侧尊于右侧；若为八仙桌，则正对大门一侧的右位为主客。若没有正对大门的位置，则面东的一侧右席为主客。

如果为大宴，桌与桌之间的排列同样有讲究。一般以居前居中者为首席，左边依次为2、4、6席，右边为3、5、7席。

如果你是宴会的主人，应提前到达，在靠门位置等待，并为来宾引座。如果你是被邀请者，应听从主人安排入座。如果出席宴会的来宾包括你的上级领导，则应该将领导引至主座，请客户中身份最高者坐在主座左侧位置，当招待对象的身份级别非常高时会有例外。

### 二、中餐的点菜礼仪

宴席上由谁来点菜，也是中餐礼仪的重要一项。通常来说，应由主人一方负责点菜。但出于礼貌，主人应提前到达，待大多数客人到齐之后，将菜单递交客人传阅，请他们点菜。但最后还是要由主人决定。客人考虑到主人要买单，一般也不太好意思点菜，最后还是会交给主人做主。如果你的老板也在酒席上，不要因为尊重老板而请其代为点菜，除非是老板主动要求，否则，他会觉得不够体面。

如果你是赴宴者，记得点菜时别太主动，应该交由主人。如果对方盛情要求，你可以点一个不太贵，大家都不忌口的菜。点菜前记得征求桌上其他客人的意见。问一句“有没有哪些是不吃的”“大家喜欢吃什么”以表示礼貌。最后可再问一句“这样合不合大家的口味？”“要不要再来点别的？”等。

作为主人点菜时，可遵循三个原则。

1. 点菜的量

点菜不宜浪费，以人均一菜为宜。如果饭桌上男士较多，可适当加量。

2. 菜肴组合

中餐宴席一般包括茶水、凉菜、热菜、主菜、甜品、点心、主食、水果八大样。

（1）茶水。正式用餐前应先上一壶茶清口。茶水不是必需的，因为古人多为单独饮茶。

（2）凉菜。如冷拼、花拼。

（3）热菜。宴席的主要内容。数量视宴席规模而定，有炒、炸、爆、烧、蒸、扒等多种菜式。

（4）主菜。一般是整只、整块的高贵菜肴，如烤乳猪、烤全羊、一大块鹿肉，但主菜不是必须有。

（5）甜品。饭后甜点，也包括甜汤，如冰糖莲子、银耳甜汤等。

（6）点心。正式的大宴不供饭，而以各种糕、饼、粉、面食、包子、饺子等为主食。

（7）主食。如果以上菜肴上完后还有人没吃饱，再点主食。

（8）水果。用于饭后爽口、消腻。

以上的顺序和菜式不是一成不变的。菜式组合要依客人的口味而定。如客人里男士较多时，可多点荤食。女士较多时可多点清淡的蔬菜。较浓的汤应按热菜来上；贵重的汤如燕窝等要放在热菜中的第一道。

3. 菜肴价格

菜肴的价格要看宴会的重要程度。主人首先要据此选择价格适当的餐厅。若是普通的宴请，平均一道菜在50元到80元左右为宜。如果宴请的是身份较高或比较重要的人物，可多点几个较贵重的菜，如龙虾、鲍鱼等。

## 三、中餐的用餐礼仪

中国人非常讲究“吃相”，宴席上的吃菜礼仪更为讲究。吃中餐时要注意的礼仪包括以下几方面。

1. 夹菜的礼仪

饭桌上何时可以夹菜是有要求的。首先，客人还未全部就座时，即使已经上了多道菜肴，也不能急着动筷子。客人全部入席后，也不能着急动筷子，而应等主人举杯示意开始时，客人才能开始用餐；其次，夹某一道菜肴时应等盘子转到自己面前时再动筷子，不宜抢在邻座前面；不能为了夹某道相隔很远的菜快速转动转盘，转盘要缓慢转动，让每个客人都有时间夹取转到眼前的菜；最后，一次夹的菜不宜过多，也不要急忙把喜欢的菜堆到自己的盘子里，这都是很没礼貌的行为。

2. 吃菜的礼仪

用餐的动作要文雅。夹菜时要轻缓、稳重，不要碰到邻桌的身体或餐具，不要把菜拨到桌上，不要把汤洒出来。不要把筷子和盘子碰得叮当响；吃饭时要细嚼慢咽，喝汤时发出“咕噜咕噜”的声音，吃菜时嘴里“叭叭”作响，都是粗俗无礼的表现；不宜一边嚼东西一边和人聊天，以免口中的食物残渣喷出来；嘴里的骨头和鱼刺不要直接吐出来，应用餐巾掩口，用筷子取出来放在碟子里。掉在桌子上的菜不能再吃；用餐过程中不要玩弄碗筷，或用筷子指向别人，不要用手去嘴里乱抠。

## 四、中餐的饮酒礼仪

中国人喜欢喝酒，酒是中国人宴席上的必备之物。酒文化也成了中国饮食文化的重要组成部分。酒桌上的学问讲究很多，以下是一些你在酒桌上应该注意的礼仪。

1. 敬酒的礼仪

酒桌上最有讲究的就是如何敬酒和如何接受他人敬酒。按照中国的文化，敬酒要视宾主身份而行，绝不可胡乱敬酒。饭桌上不同身份的人敬酒有先后。首先应由主人向主客敬酒，然后陪客向主客敬酒。主客接受敬酒后随即进行回敬。最后，由陪客之前互相敬酒。切忌不可打乱顺序，若客人喧宾夺主乱敬酒，是对主人极大的不尊重。

如果酒桌上有领导在场。要等领导间相互敬完酒才轮到自己敬酒。另外，除非你自己是领导，否则只能多人敬一人，不可一人敬多人。敬酒时，如果不碰杯，自己喝多少可视情况而定，但不可比对方喝得少。

2. 碰杯的礼仪

碰杯时最好按照时针顺序，以显得没有厚此薄彼。碰杯时最好加上一句客气话，如“我喝完，你随意”。端起啤酒杯时，要有右手握杯，左手垫在杯底，自己的杯子要低于别人。如果自己是领导则可不必放得太低。

## 五、中餐的离席礼仪

人数较多的正式宴席时间一般比较长，大约都有在两小时以上。也许逛了几圈，认得一些人后，你很快就想离开了，此时，你应掌握一些中途离席技巧。

首先，中途离席时，只要悄悄和身边的两三个人打招呼，或与最亲密的几个人道别即可，千万不要和谈话圈里的每个人一一告别，否则离席的话题扩散到每一桌上，会使宴席陷入极为尴尬的气氛。中途离席一定要和邀请你来的主人打招呼，说明离席的原因。

其次，中途离席时，不要一一向认识的人询问要不要一起走。这对宴会主人，以及被问到的人都是一件很尴尬的事。如此一来，本来热热闹闹的场面，说不定会一下子提前散场。这是非常失礼的举动。

最后，离开时和主人的道别要简短，告别主人后要马上走，不要拉着主人聊个没完，因为主人要主持整个宴会，可能有很多要做的事，你占了主人太多时间，会在其他客人面前显得失礼，也容易使主人产生反感。

## 第四节　就餐礼仪之西餐

随着中国的对外开放逐渐深入，西方的很多文化传入了中国，对中国人的生活、工作产生了深远的影响。西方的饮食文化就是其中之一，典型代表是西餐。西餐被很多中国人视作现代化、国际化的象征。公务人员在社交活动中，难免会有与他人共进西餐。

西餐的饮食文化与中餐有很大不同。西餐的用餐讲究精致、优雅。除了菜肴本身的口感之外，用餐的环境、着装、餐具的摆放等，都有很大的讲究。公务人员应充分了解西餐的就餐礼仪，否则会在享用西餐时出丑。

### 一、用餐前的礼仪

1. 提前预约

在西方，去饭店吃饭一般都要事先预约。预约时有几点要说明清楚，包括时间和人数，是否要求是吸烟区或视野良好的座位。如果是生日或其他特别的日子，可以告知宴会的目的和预算。预约好时间后，必须准时到达，这是最基本的礼貌。有意外状况时一定要提前通知取消预约。

2. 注意着装

西餐的就餐礼仪对服装的要求较严格。较正式的西餐宴会要求着装必须整洁、严肃。穿休闲服进入高档西餐厅会被视作失礼。通常来说。女士要穿晚礼服或套装，以及有跟的鞋子。男士须打扮得体，若穿正装必须打领带。女士化妆可以稍重一些，因为西餐厅内的光线可能比较暗。进入餐厅时，男士应主动为女士开门，请女士先进入，男士走在女士后面。入座、点酒都应请女士来品尝和决定。

## 二、西餐的摆台礼仪

所谓西餐的摆台，即是西餐桌上各种餐具的摆放方式。西餐的摆台分为便餐摆台和宴会摆台。每种摆台方式都有各自的讲究。西餐桌一般以长台和腰圆台为主，有时也用圆台或方台。需要摆放哪些餐具，则要根据具体的菜单设计。

1. 西餐便餐摆台

便餐的摆台顺序是先摆垫盘，在垫盘的左边摆叉子，右边摆刀，刀刃向内，汤匙放在垫盘前方，汤匙的柄朝右。餐叉左边摆面包盘，盘内放黄油刀，刀刃朝向盘内。汤匙之前放酒杯。烟灰缸放在垫盘正前方的酒杯外。胡椒粉、精盐瓶放在烟灰缸左侧，牙签放在更左侧。花瓶放在烟灰缸之前。

2. 西餐宴会摆台

宴会要根据菜单摆台，每上一道菜就要换一副刀叉，通常为七件，包括三刀、三叉和一汤匙。具体的摆法是：先将垫盘摆好作为定位，垫盘左边摆餐叉、鱼叉、冷菜叉，垫盘右侧摆餐刀、鱼刀、冷菜刀，刀刃朝向左边；垫盘前方摆汤匙，汤匙前面交叉摆放点心叉和点心匙。叉子的左侧摆面包盘，盘内放黄油刀，面包盘前方放黄油碟；点心叉、点心匙的前方摆水杯、色酒杯、白酒杯。口布折花放在垫盘内或插在水杯中。

## 三、餐具的摆放与使用礼仪

享用西餐时对餐具的摆放有很多要求。首先，入座后身体要端正，手肘不要放在桌面上，不可翘足，与餐桌保持一定距离，以便于使用餐具为宜。不可乱动餐台上已摆放好的餐具。点完菜后，在上菜前的这段时间打开餐巾，向内折三分之一，腿上铺有三分之二，盖住膝盖以上部分。这时不可将餐巾塞入领口。

西餐的主要餐具是刀叉和盘子。餐具的基本用法是右手持刀或汤匙，左手拿叉。刀叉的拿法是轻握尾端，食指按在柄上，汤匙则用握笔的方式拿即可。取用餐具应由外侧到内侧，切东西时左手用叉子按住食物，右手用刀将其切成小块，然后用叉子送入口中。吃体积较大的蔬菜时，可用刀叉来折叠、分切。较软的食物可放在叉子平面上，用刀子整理一下。用刀时，刀刃不可向外。

进餐过程中要稍做休息时，应把刀叉分别放在餐盘边上，摆成“八”字形，刀刃朝向自身。如果是因谈话而暂停进食，刀叉可拿在手中，无需放下。每吃完一道菜，将刀叉并拢放在盘中。

不用刀子时，也可换用右手持叉。进餐过程中需用手做出某种手势时，应放下刀叉。不然，手持刀叉挥舞是很失礼的。注意，不可一手拿刀或叉，另一只手拿餐巾擦嘴。也不可在一只手握着酒杯时，用另一只手持刀叉去取菜。任何时候，都不可将刀叉的一端放在盘上，另一端放在桌上。若刀叉的一端位于餐盘之外，既不雅观也不安全。

### 四、不同食物的进食礼仪

西餐的各种食物，进食时都有不少的礼仪规范。

1. 面包的吃法

吃面包时，应先用双手手撕成小块，再用左手拿起来吃。吃硬面包时不宜直接用手撕，而应该用刀先切成两半，再用手撕成块来吃。切硬面包时先把刀刺入面包，用左手将面包固定，右手执刀将靠近自己的一面缓慢切下，避免发出声响，以及扬出面包屑。

2. 鱼的吃法

由于鱼肉较嫩，用刀叉会将鱼肉弄碎，因此西餐中常用专门的汤匙来吃鱼。这种汤匙比喝汤用的汤匙大，可直接将鱼肉与调味酱汁一起舀起来吃。但若要吃鱼料理中其他混合的蔬菜，还是要换用刀叉。吃鱼时，先用刀在鱼鳃附近划一条线，不要划透，刺入一半即可。将鱼的上半身挑开后，将刀叉在骨头下方，从鱼头开始划到鱼尾，将整条鱼割开，把鱼骨剔掉，堆到盘子的一角，最后把鱼尾切掉，然后就可以慢慢享用鱼肉了。

3. 沙拉的吃法

吃沙拉应用叉子，但如果沙拉的块较大，应先用刀切成小块，以免从叉子上掉下来。当把沙拉作为主食吃的时候，不可放在餐盘里，而要放在盘子里，靠近主盘旁。通常用一块面包或蛋卷把叉子上的沙拉堆在盘子里。

4. 水果的吃法

西餐吃水果不可直接咬。如果送上来的水果的块比较大，应用水果刀再切成四至六瓣，去皮、核。香蕉要先剥皮再用刀切成小块。橙子可直接切成块，苹果、梨、西瓜、菠萝等都要去皮切成块，用叉子取食。橘子、荔枝、龙眼等则可剥皮后直接吃。

5. 汤的喝法

西餐的汤必须用汤匙来喝。不可直接用嘴对着汤碗吮吸，用汤匙将汤舀起后，送到下唇位置，与嘴部呈45° 角，上半身微微前倾，将汤送入口中。碗中的汤所剩不多时，可用手指将碗略微抬高。

**五、西餐就餐时的注意事项**

西餐的就餐讲究氛围的轻松、环境的雅致。因此西餐常被视作高雅的象征。在吃西餐时，尤其是同外宾一起吃西餐是，一定要入乡随俗，遵守西餐进餐时的礼仪规范。西餐就餐时需要注意的礼仪有以下几个方面。

1. 气氛安静

吃西餐最讲究气氛和谐。除了要有雅致的环境，通常还会有音乐相伴，桌上摆着鲜花，桌布必须一尘不染。若是晚餐，要有暗淡的灯光，桌上点红色蜡烛，营造一种浪漫、典雅的气氛。

气氛安静，就要求进餐时要有礼貌。首先交谈时须轻声。即使是和关系非常亲密的人聊天，也不可高声喧哗。吃西餐主要是为了联络感情，西方人很少在吃西餐时谈生意。这一点有别于中国的饮食文化。

2. 注重吃相

西方人非常注重吃饭时的言行举止，从孩子很小时就训练他们的“吃相”。因此，在吃西餐时，要遵守西餐桌上的习俗，切勿有唐突之举。例如手握刀叉摇晃、用刀送物入口、频繁地换用刀叉和其他餐具，都是失态的行为。

3. 切忌劝食

中国人吃饭时喜欢劝对方多吃，西方饮食文化中没有这种习惯。因此同外宾一起吃饭时，切勿每逢上菜就劝对方多吃。这样对方会产生被强迫之感。招待外宾时，即使吃的是中餐，一般也是“中餐西做”，同样要遵守西餐的餐桌文化。

# 第五章　领导干部在公共场所的礼仪

## 第一节　日常行进礼仪

行进，指的是人们日常生活中不乘坐任何交通工具而步行前进。对任何一个公务人员来说，步行都是最基本的活动方式。即使人们采用其他任何交通工具，如公交车、汽车、火车、飞机等，依然离不开行进。

公务人员除了在日常生活中要步行，在很多公务场合也会有行进活动，如接待来宾、参观访问。因此，行进除了是一种最基本的交通方式，还是公务活动的内容之一。行进的礼仪，属于公务礼仪的组成部分。公务人员不可不重视行进礼仪。

### 一、在道路和走廊上行进的礼仪

1. 道路上行进的礼仪

在道路上行走，尤其是和他人一起行进时，有很多讲究，以下几点尤其需要关注。

（1）行走在道路上时，应自觉走在人行道上。不要走行车道，更不应占用盲道。无人行道的道路上，要靠右走在路边。

（2）世界上大多数国家都是靠右行走，我国也是如此。走在道路上时应自觉走在右边一侧，不可觉得无所谓而走左边，或曲线行走，左右交替。那样做，当路上还有其他行人时，交通必会混乱。

（3）行走在道路上时，应单行行进，不宜并排行走。尤其是人多时，不可并肩而行。

（4）多人一起行走时，尤其是与上级、长辈、异性一起在较正式的场合行进时，在位置的具体排列上是有讲究的。按照中国的惯例是以右为尊，以内侧为尊。若并行者多于三人，则以居中者为尊。多人单行行走时，以前者为尊。

2. 走廊上行进的礼仪

在室内行进时，如接待外宾入场时，可能会通过走廊。即建筑物或房间之间长度、宽窄不等的道路。走廊具有与房间不同的空间特点，因此也有着不同的行进礼仪。

（1）单排行进。大多数走廊相对而言不够宽敞，宜单排行进，至多允许两人并排。若超过两人并排，就会显得拥挤，还有可能阻挡别人。

（2）靠右行进。走廊中行进同样要遵循靠右的原则。这样不会与对面走来的人相撞。若是在非常狭窄，仅容一人通过的走廊上遇到了迎面而来的人，应面相墙壁，侧身相让。若对方先相让了，则勿忘向其道谢。

（3）缓步行进。通过走廊时，应步伐轻缓，低声细语。因为走廊常常连接着房间，若快步奔走或高声喧哗，可能会干扰到别人。

## 二、上下楼梯与进出电梯的礼仪

1. 楼梯上的行进礼仪

在楼梯上行进时，大致需要注意以下几点。

（1）上下楼梯均应单行行走，不宜多人并排行走。

（2）上下楼梯均应靠右侧而行，即右上右下。这样就避免了上下楼梯的人相互挡路。将自己的左侧流出来，还可方便有急事的人快速通过。

（3）上下楼梯时，若身为带路者，则应走在最前头，不宜位居被引导者之后。

（4）与尊者、异性一起下楼时，若楼梯过陡，应主动走在前面，以防身后的人发生危险。但男士与女士一起上楼时，应走在女士之前，这是为了避免女士穿裙子时不小心走光。

（5）上下楼梯时，因为要留心脚下安全，因此不应与他人进行交谈。也不宜站在楼梯上或楼梯转角聊天，因为这样有碍他人使用楼梯。

除此之外，还要注意在楼梯上行进的速度要适宜，无论发生什么紧急要事，都不要推挤他人。这是为了所有行进在楼梯上的人的安全着想。

2. 进出电梯的行进礼仪

进出电梯时，需要注意以下两大问题。

（1）注意安全。不要在电梯关上门的时候扒门，或强行挤入。在电梯人数已超载时，不要心存侥幸，非进去不可。当电梯在升降过程中因故暂停时，要耐心等待，不要冒险攀爬而出。

（2）注意顺寻。进出电梯同样有顺序上的讲究。与不认识的人同乘电梯，应根据先来后到，依顺序步入电梯。与熟人同乘电梯，尤其是与客人、上级、女士同乘电梯时，若为有人管理的电梯，则应最后进入、最后出来；若为无人管理的电梯，则应先进去，后出来，这是为了抢占电梯按钮的控制权，好为同行者服务。

### 三、出入房间的行进礼仪

出入房间时，若只自己一人，无他人在场，自然不必过于拘束。若有他人在场，尤其是在有领导、宾客的正式场合，出入房间也要讲究很多礼节。

1. 出入顺序

若与领导、尊长、女士、来宾同时进入房间，则应主动为其开门，请对方先进入，自己随后跟进；离开房间时，同样为其开门，并最后一个走出。若出入房间时恰逢他人方向与自己方向相反，则应礼让对方。通常来说，应是房间的人先走出来，房外之人再走进去。若对方是领导、尊长、女士、来宾，也可不遵此例。

2. 开关房门

不论是进入房间或走出房间，都要用手轻轻拉门、推门，轻轻关上，绝不可用身体的其他部分开关门，如用脚踢门、用肩带门、用臀撞门、用膝顶门等等，这些都是很不礼貌的行为。也不可任房门自由开关。

3. 关注面向

进门时，若有人已在房间内，则应始终面向对方，尤其是关门时，不可反身去关门以致背向对方。走出房间时，若房间内还有别人，则从走到房门前到离开后的整个过程中，都应尽量面向房内之人，不可背向对方。

## 四、行进时保持合适的距离

行进礼仪的一项重要内容是与他人保持合适的距离。在某种场合，人与人身体之间的距离也是礼仪规范的一部分。它反映了人们彼此之间关系的亲密程度，以及其中一方，尤其是主动保持某一距离的一方对另一方的态度、看法。因此，公务人员务必要重视身体距离的讲究，不然很可能误伤与他人的感情，引起不必要的误会。

人与人之间的身体距离大致可分为四种类型，步行之时要对此灵活加以运用：

1. 私人距离

当两人的距离在0.5m之内时，即为私人距离。它又称亲密距离。私人距离适用的范围比较窄，顾名思义，只用于和关系非常亲密的人之间，如家人、恋人。在公务交往中的，对于关系一般的人，尤其是泛泛之交、异性，应避免迈过私人距离的界限。

2. 交际距离

当两人的距离在0.5～3m之间时，即为交际距离。这种距离广泛应用于各种社交场合，是人们采用最多的身体距离，故又称常规距离。

3. 礼仪距离

当两人的距离在1.5～3m之间时，即为礼仪距离。该距离主要是在某些较为正式的场合，用于表达对某人的敬重，故又称敬人距离。行进时一般不会用到这种身体距离。

4. 公共距离

公共距离也叫作大众距离，指两个人之间的距离超过3m。如果两个人不认识，在公共场所两个人的距离应大于3m。

## 第二节　乘坐交通工具的礼仪

人们的日常生活离不开各种公共交通。公务人员在日常的出行中，自然也少不了要搭乘各种交通工具。如坐公共汽车或出租车上下班，出差时搭乘火车或飞机，出国访问还可能搭乘轮船。乘坐交通工具时，遵守相关的礼仪规范，既是法律的规定，也是社会公德的要求。

乘坐交通工具的礼仪，不仅包括相关的交通法规，还包括配套的礼仪要求。如怎样与其他乘客相处、怎样配合服务人员的工作等。遵守交通礼仪是每一位公民的义务，公务人员代表着国家政府机关，更要起带头作用，为广大人民群众示范良好的交通礼仪。

### 一、乘坐公交车的礼仪

公交车是现代人出行的主要方式之一，也是公务人员上下班的常见交通方式之一。我国公交车的特点是车少人多，尤其到了乘车高峰期十分拥挤。因此，文明乘车非常必要。

1. 上车有序

文明乘车的礼仪首先是要自觉遵守乘车秩序。在车站候车时，排队上车，互相礼让，不要见来了一辆车就一哄而上，上车时要秩序井然，先下后上。有女士、小学生、孕妇、老弱病残应让他们先上车。不要当汽车已经开动后还强行挤上车，也不要上车后乱挤抢占座位。这些都是缺乏素质的体现。

2. 文明乘坐

乘车时有很多礼仪讲究，或者说是公德要求。不要在车上高声喧哗；在车上想打喷嚏时，用手或手帕捂住口，防止唾沫四溅；乘车时要保持衣着整洁，夏天不可过分随便，穿得太短太露，更不能赤裸上身；下雨天乘车，上车后要脱雨衣，不要把雨衣、雨伞放在座位上，雨伞的尖顶部分朝下，以免戳伤他人；乘车期间不得与司机交谈，不可在车厢里吸烟或吃带果皮壳的食物；有废物应扔到垃圾桶中；不要把头、手、身体伸出车外。

3. 相互理解

当车上人多拥挤时，磕磕绊绊在所难免。这时一定要有包容的态度，理解大家挤车都很辛苦。若是自己踩了别人或撞了别人，要主动道歉。如果对方踩到或碰到自己，不要动怒，不可出言不逊，更不得发生肢体冲突。

## 二、乘坐出租车的礼仪

出租车也是公务人员经常选用的交通工具之一。乘坐出租车上下班、外出办公，既方便又快捷。乘坐出租车要注意的礼节有以下几个方面。

1. 文明用语

与司机对话要有礼貌，多用敬语，如“请”“谢谢”“麻烦你”等。这一方面可以显示你的教养，另一方面也是对出租车司机的辛苦工作表示尊重和感谢。

2. 文明乘坐

在出租车内，同样应保持安静，不要随意与司机搭话。有些出租车司机喜欢和乘客攀谈，这时不回应也是不礼貌的，但要以不干扰司机的注意力为界限，以免造成安全隐患；在出租车上要注意保持车内的环境卫生，爱护车内各项设施，不向车外乱丢东西，不得将手臂或头部伸出车外，不可在车内脱鞋。

## 三、乘坐火车的礼仪

目前，火车是国内人们进行长途旅行的首选交通工具。公务人员去外地出差，火车也是排在第一位考虑的交通方式。因此，公务人员非常有必要学习乘坐火车的礼仪。

1. 上车的礼仪

乘火车的礼仪同样是从上车这一环节开始。火车因为人多、停车时间短，因此乘火车应提前到站，在候车室排队等候检票。火车进入站台后，待火车停稳，才能到指定车厢车门处上车，不要拥挤，也不要从车窗上车，或从车顶、车厢下攀缘、穿行，以免发生危险。

2. 入座的礼仪

上火车后，寻找自己的座位时，须注意以下几点。

（1）乘坐自己的座位。火车上每一个人的座位都是提前买票决定好的。不可胡乱入座，更不可为追求更舒适的座位而抢占不属于自己的座位。如买的是硬座票，却去占用卧铺。这种做法既是缺少公德的表现，又容易与其他乘客发生纠纷，耽误自己与他人的时间。

（2）给需要的人让座。如乘客中有老人、孩子、孕妇、残疾人无座时，公务人员应做好礼仪表率，尽量挤出地方请其就座，或将自己的座位给对方。

3. 乘车注意事项

乘坐火车时，有许多规范要严格遵守。

（1）许多火车上明令禁烟。对此一定要严格遵守，不要抱有侥幸心理，躲到僻静的角落抽烟。抽烟不仅会污染车厢里的空气，还可能引发烟雾警报，影响火车的正常行驶。

（2）用餐时注意影响。在火车上可去餐车用餐，也可在自己的座位上用餐。火车上吃东西时，注意不要吃气味刺鼻的食物，如臭豆腐、韭菜等。吃剩的食物不要随地乱扔，也不要在面前的小桌子上过多堆放自己的食物，因为那是大家公用的。

（3）休息时不影响他人。由于火车的路程遥远，人们在火车上的大多数时间都是在休息。在火车上休息时以不影响他人为原则。不宜赤膊、赤足，赤裸上身。除非是在卧铺车厢，否则不宜脱掉鞋子。在卧铺车厢休息时，不要与恋人、配偶共享一张铺位。若带着小孩，要管好孩子，不要让他随地大小便、大声哭闹、随处乱跑。

## 四、乘坐轮船的礼仪

乘坐客轮时，最重要的是安全问题。上客轮时要做到轻步慢走，不要为了抢时间、争速度而妨碍自己与他人的安全。同时，在队伍当中不要和他人抢着上客轮。

在轮船上进行室外活动时，要处处以安全为重。不要去不宜进入的区域，如轮机舱、救生艇、没有扶手的甲板上。在夜色昏暗或风浪大作之时，尽量不要待在甲板上，一旦此时发生危险，是很难被他人发现并获救的。

另外，为确保客轮的安全，乘客携带行李时要严格遵守有关规定，以下物品不得带上轮船：易燃品、易爆品、易腐蚀物品、枪支弹药、腐烂性物品、家畜动物，以及其他一切违禁物品。登船前要积极配合安全检查。

## 五、乘坐飞机的礼仪

飞机是长途旅行常用的交通工具。尤其是出国访问，大多数时候是坐飞机。乘飞机在证件、手续、安全等方面有着很多特殊要求。因此，乘坐飞机时也有很多特殊的礼仪规范。

1. 登机前做好一切准备

为了留出托运行李、检查机票、护照，以及其他证件的时间，需提前一段时间抵达机场。国内航班一般是半小时，国际航班需提前1小时到达。乘客应先将相关证件交由安检人员查验，放行后通过安检门，配合对人身和行李的安检工作。

2. 维护乘机安全

乘坐飞机，要把安全性放在第一位。维护乘机安全是每一位乘客的义务。为此，乘客须做到以下几点。

（1）不得携带违禁物品。如枪支弹药、管制刀具、武器、易燃品、易爆品、剧毒品、放射性物质等，都不得带到飞机之上。通常来说，即使携带了这些物品，也会在安检处被截下，给登机者带来麻烦。

（2）配合安全检查。在世界各国，乘客在登机前都要接受例行的安全检查，每位乘客须通过安全门。有时安检人员还会对乘客或其携带的行李使用探测仪进行检查，甚至是手工检查。在接受此类检查时，一定要耐心配合，不应当拒绝合作或无端刁难安检人员。要明白人家是为了你的安全着想。

（3）遵守有关规定。在飞机上，严禁使用手机、手提电脑、调频收音机、电子游戏机等电子设备。飞机上禁止吸烟，禁止打开舱门。乘客要具备这些安全常识并严格遵守。

3. 尊重乘务人员

上下飞机时，应对机舱门口迎送的乘务人员给予友善的回应。飞机升空或降落前，乘务人员要巡视每位乘客的安全带是否扣好，此时务必要配合工作。万一遇上飞机晚点、停飞、返航等，不应把气撒到乘务人员身上。在飞机上需要服务时，按照规定呼叫乘务人员，不可有粗鲁野蛮的态度，否则只会显得自己缺少教养。

## 第三节　外出住宿的礼仪

公务人员有时需要到外地出差。出门在外，宾馆扮演着十分重要的角色。宾馆是人们的下榻之处，是身处异地时生活、交际、办公的主要场所。有时，它甚至会成为一些公司、企业的办公地点。

外出的时候，每个人都希望下榻的宾馆提供贴心周到的服务，让住客有种宾至如归的感觉。但同样的，身为客人，也要遵守宾馆相关的住宿礼仪。宾馆提供的优质服务也需要客人的积极配合。因此，公务人员有必要掌握在宾馆住宿时的特殊礼仪规范。

### 一、登记入住态度友好

到达目的地后，如果已经预订好房间，你可以向服务台出示身份证，随后，可以直达自己所预定的房间。如果没有预定好房间，当你踏入宾馆后，要遵守宾馆相关礼仪。如进入大堂后，如果行李过多，可寻求服务员帮忙拿行李，并说“谢谢”表示感谢。接着办理住房手续，根据宾馆相关规定，办好入住手续。如果办理住房人员众多，应耐心排队，不可出现插队等不良行为。

## 二、友善对待服务人员

登记入住后，会遇到宾馆各种各样的服务人员。对待服务人员应用平等、亲切的态度。不要处处趾高气扬，颐指气使。服务业总是强调把客人当上帝。这是服务人员的职业素养，如果“上帝”真的认为自己不可一世，在服务人员面前傲慢无礼，那就是客人礼数有缺了。在西方，如果客人真以上帝自居，举止粗俗无礼，会遭到强烈的鄙视。

具体来说，与宾馆各类服务人员相处的诀窍包括：

1. 与总台服务员相处

向总台寻求服务时，一般是办理入住、退房手续，以及咨询某些问题时，这时既不必低声下气，也不可趾高气扬，以礼貌、沉稳的态度应对即可。若对宾馆的某些服务不满意，也最好以商量的口气提出，双方互相通融。

2. 与门卫保、保安相处

在进出宾馆大门时，常会遇到保安、门卫为你开启大门，并向你问好，对此应予以回应，表示感谢。对于保安人员出于工作需要的一些询问，要好好配合，不要冷漠相对。

3. 与行李员相处

有行李员到自己房间送行李或取行李时，应对其表示感谢，不要不理不睬，或提出过分的要求。

4. 与客房服务员相处

当客房服务员到房间送开水、打扫卫生时，应表示欢迎，道声感谢，并为人家的工作提供方便。

5. 与电梯服务员相处

搭乘电梯时，应说清楚自己的楼层，并随后道声感谢。不要自己去操作，无视对方的存在。

## 三、了解宾馆服务内容

住宾馆时，每个人都想体会到优质上乘的服务。而要充分享受宾馆提供的服务，前提是要对宾馆的服务项目和规章制度有一定的了解。千万不要在一无所知的情况下胡乱要这要那，这会让人觉得缺乏教养，而且没见过世面。

1. 了解宾馆规章制度

每个宾馆都制定有自己的规章制度。入住之后，一定要首先了解这些规章制度，这些都可能和你的个人利益相关。对于宾馆的规章制度要自觉地加以遵守。一般来说，所有的宾馆都会有一些禁止事项，如聚赌、嫖娼、非法集会等。每个宾馆还可能有各自具体的规定。

2. 了解服务内容

宾馆大都会在客房或宾馆大厅内醒目的位置写明客人须知、业务介绍等各种资料。入住以后，要对此详细阅览一遍，全面了解宾馆能为客人提供的各种服务。合理享用宾馆提供的服务是你的权利。酌情利用宾馆的服务，有时还会对你的工作有所帮助。

3. 爱护宾馆财物

住客要爱护宾馆内的公共财产。不可随意损坏公共财物，也不可私自把公务财物占为己有。尤其注意不能损坏宾馆内的公共设施，不然要进行赔偿。不能把烟头直接丢在桌子、地毯上。不可拿枕巾、被单擦脚、擦皮鞋，这些都是非常没有礼貌的行为，是外出住宿的不良习气。

4. 安全存放财物

许多宾馆都有为客人免费提供存放贵重物品的业务。对这种业务要充分利用起来。贵重物品、大量现金、有价证券不宜放在客房之内。因此，在入住之后，要将自己的贵重物品交予宾馆方面代为存放。一般来说，这样做是比较安全的。不要因为怕麻烦而造成财物损失。

## 四、与人友好相处

宾馆并非私人空间，依然免不了与其他人打交道。主要包括与服务人员、同室住客、来访客人、其他房间住客等相处。出门在外，与人友好相处，勿生事端，于人于己都有好处。

有时候，你可能与同事，或其他客人同住于一间客房之内。与他人同住时应相互适应、相互理解、相互包容，切勿一切只想着自己，不顾他人感受。与同事一起住宿时，最重要的是凡事要彼此商量，如作息时间两人应协商一致，避免因个人作息习惯不同打扰到对方。万一因特殊原因与不认识的人同住一室，可以主动与其打招呼，进行适度的沟通，避免一些不必要的摩擦。如询问对方的作息时间，以免自己在工作时打扰到对方。但也不必相交过深，以友好相处为界限即可。

带小孩一起住宿时，要对其严加管束。不要听任其在宾馆内自由行走，以免损坏宾馆内的物品，对小孩自身的安全也不利。不应让孩子大声哭闹，吵到其他房客。不要在客房内打孩子，更不要让他离开大人的视线东跑西窜，影响到宾馆的正常工作，以及其他宾客的休息。

与长辈一起住宿时，对对方要多加照顾。使用客房设备、用具时，应请长辈优先。在作息时间上，应尊重长辈的习惯，以长辈的个人习惯为准。

**五、摒弃住宿的不文明习惯**

外出住宿时，有些房客由于自身素质不高的缘故，会在无意中做出一些非常失礼的行为。公务人员要了解这些禁忌行为，千万不可犯同样的错误，不然会严重损害自己，以及工作单位的形象，甚至影响你出差所往来的公务对象，破坏你的出差目的。

1. 禁用宾馆的毛巾擦皮鞋

用宾馆的毛巾、枕巾、床单等物擦皮鞋，必然会让尘土等污垢沾染到毛巾上，给别人的健康带来隐患。这种行为是缺乏修养、品质低下的表现。如果你的同事或合作伙伴看到你这样做，会认为你是个粗俗不堪的人，不利于你开展工作。此外，用宾馆的饮水杯刷牙、把果盘当成烟灰缸，也都是严重失礼的行为。

2. 关上自己房间的房门

住宾馆时，只要待在自己的房间里，就把门锁上。这不仅是为了安全着想，也是为了不打扰到别人。如果敞着门，你做什么都可能被其他人看到，你说的话都可能被外面的人听到，这样一来会影响你的形象，二来会影响到其他房间的客人。如果你说话的内容涉及行业机密，很容易泄露出去。住宾馆时，毕竟不同房间的住客都是彼此陌生的，维持自己房间这样一块私密之地很重要。大家都尊重自己的隐私，才好互不影响，不干涉到他人的隐私。

3. 不可大肆浪费

有人住宾馆时，由于水费、电费不是自己缴，很多人失去了节约意识，大肆浪费宾馆的水电。白天人不在房间也开着灯，洗漱完毕不及时关水龙头，狂打房间内的免费电话，额外向服务员索要房间内的免费用品，等等。这些都是非常粗俗无礼的行为。节约，不仅是金钱问题，更多地体现了一个人的修养水平和道德水平。这种在宾馆大肆浪费的行为，会让人联想到暴发户，给人小人得志的印象。设想，如果你出差访问的业务伙伴知道了你的行为，怎能不怀疑你的信用和能力？

## 第四节　购物、就医的礼仪

购物和就医，是生活中两种常见的活动。商场和医院都属于公共场所，需遵守公共礼仪。商场购物，是否讲究文明，是否尊重商家、遵守秩序，都直接反映着购物者的礼仪素养和道德品质；在医院就医时，更要注意遵守医院的规章制度，同时还要符合相关的礼仪规范。

商场，是社会公众聚集购物的公共活动场所，也是人群拥挤、容易出现人际纠纷的公共空间。为此，每个人都应讲究商场购物的礼仪，维护好商场的购物环境和公共秩序；医院，是公众就医治病的医疗卫生场所，遵守医院的规章制度及礼仪规范，是对自己，以及他人的生命健康负责。遵守秩序，尊重医护人员，是每个人应有的就医公共礼仪。

### 一、商场的礼仪要求

遵守商场购物礼仪，会让自己和他人在消费中享受优质的服务，乘兴而去，满意而归。

1. 尊重营业员

到商场购物，与营业员打交道是必不可少的。如今的商家都讲究服务意识，强调“顾客就是上帝”，但这并不意味着消费者可以对营业人员态度蛮横、颐指气使。营业员和顾客之间的关系是平等的，应该相互尊重。

在请营业员为自己展示产品时，态度要谦和，不要“喂、喂”地乱叫，更不能盛气凌人，用指挥式的口气。称呼营业员时也应采用敬语，如“先生”“小姐”“女士”，以表示对营业员所付出劳动的尊重。有时，营业员要招待其他顾客，一时间无法回应你的请求，这时千万不可暴躁地催促，应耐心等待或继续招呼。

营业员的工作很辛苦，因此，我们在挑选商品时，不要过分挑剔，对易污、易损商品要轻拿轻放。如果挑选多次仍没有满意商品时，应对营业员的长时间服务道一声 “谢谢”或“对不起，给你添麻烦了”。

2. 维护商场秩序

自觉维护商场的环境卫生，不随地吐痰、不乱扔果皮、包装袋、推销传单等。不要在商场大声喧哗、追逐打闹。商场人多时，注意放缓脚步，不要拥挤，因为混乱的秩序不仅容易引发安全事故，而且还会破坏自己的购物心情。

当遇雨雪天气时，进入商场前，一定要注意在门口将雨衣、雨伞、鞋底等加以清理，或者将雨伞放在寄存处，以免将过多雨水或雪水带入商场，弄脏环境。

如遇排队购物，一定要按照先后自觉排队。如果自己确实有急事需要先买时，可以向排在前面的人，以及营业员讲清理由，得到他们的允许后才可提前购买。

## 二、挑选商品与结账付款的礼仪要求

1. 文明挑选商品

挑选商品时，首先注意不要弄脏、弄坏商品。若真的损坏了商品，应主动买下或按照规定赔偿。验看后不想要的商品放回原处，这是最基本的礼仪。不得随意拆开有包装的商品，为了自己挑选方便随意拆破包装，是没有公德心的体现。尤其是食品或小家电、工艺品，拆开包装会使商品变质或失去保护，易遭到损坏。购买衣服时，要小心试衣，不可将商品弄脏、弄破。

2. 文明付款

购物时经常需要排队结账。这时就要自觉地排队。自觉排队，杜绝插队，这不仅是节省大家时间的最好办法，也是一个有修养、有素质的人理所当然的行为。当你购买的东西比较多的时候，要将已扫描的商品及时放进自己的购物袋里，避免长时间占用结账台，这样可以让后面的人早些开始结账。

在购买商品的过程中，营业员有时难免发生一些差错，如拿错商品、找错零钱等。作为顾客，应予以理解，耐心指出，善意提醒。如营业员不接受，也不要厉声斥责，可找商店经理或其他负责人说明情况，妥善解决问题。

3. 凭票退货，注意期限

购物时的票据最好小心保存，如遇需退货的情况，可以派上用场。在退货时要带上购物所在商场出具的购物小票或发票，这是法律规定具有效力的购物凭据，任何商场在退货的规定中都明确要求顾客出示相关票据。

购物后应把产品外包装保留一段时间，直到确认商品没有问题，无须退货时再扔掉。退货时最好带上原包装。购买服装后，在试穿确定合身之前，先不要拆去服装上的标牌。退货还要注意期限，一般来说，商场对退货的规定都是在7天之内，顾客应记住购物时间，防止因错过了退货时限而无法退货。

退货时，对商场员工的态度要和气、友善。无论购物还是退货，营业员都是在为你提供服务，都应尊重对方的劳动。退货时向其说明退货原因，寻求对方的理解，这样才是解决问题的积极态度。

### 三、医院里挂号候诊的礼仪要求

在医院看病，最重要的是遵守秩序，听从医护人员的指挥安排，只有这样对病人才是最有利的。还要保持肃静、遵守相关规定，以免影响医院的正常工作秩序，以及其他人的治疗和休息。

病人到医院后要按照规定的程序挂号、候诊，等待护士叫你的名字或编号。挂号要依次排队，除非是急诊病人，否则没有人有权力主观认定自己的病比其他人紧急，要求先看，这是缺少素质与公德的表现。身为公务人员，应有更强的为民服务意识。如果排在你后面的是危重病人，应尽量予以照顾并提供帮助。

在候诊室等待时，不可大声玄幻，不可抽烟、随地吐痰、乱扔垃圾。要耐心，避免因病痛而急躁。须知候诊室每一位病人都和你一样着急。不应只顾自己的感受而无视他人的感受。只有大家都遵守秩序，互相体谅关怀，才能营造一个安静、清洁、舒适的就诊环境。

当护士叫到你的名字时，应礼貌地答应一声，到指定的位子坐下，就诊时不要拖拉，不可耽误医生和其他病人的宝贵时间。

**四、尊重信赖医护人员**

在中国，就医难是客观现实。和谐宽容的就医气氛也就显得弥足珍贵。然而，这样的宽容是需要医患双方共同努力的。病人们为就医难感到苦恼，同样地，医生也为此承担着相当大的压力。作为患者，应当对医护人员给予尊重、体谅和信赖。体谅、信赖医护人员，才是对病人最有利的做法。

医生询问病情时，要积极配合，清楚、耐心地描述自己的病症，协助医生做出正确判断。在陈述过程中，不要自顾自地说话，要配合医生的提问，医生问什么再说什么。不要随意打断医生的话。

要尊重并信赖医生的诊断。病人有时会对诊断结果心怀疑虑，这时应有礼貌地向医生道出自己的疑惑，请医生再作考虑，为你答疑解惑。切不可因怀疑诊断结论而对医生粗鲁无礼甚至与之发生争执。

身为病人，不要凭借自己的一知半解，对自己的病妄下结论，要相信医生职业的、科学的诊断结果；选择药物要听从医生的安排，不应向医生点明要求用某种药物。如先前已服用过有效治疗的药物，应向医生申明。

就医时应注意不要向医生强行提出特殊请求，要求其提供特殊服务。有时候，因为遭受病痛折磨，病人会平添忧虑，甚至方寸大乱，总希望医生能做一些特殊检查，或开一些昂贵的药物。病人提出要求是可以的，但要尊重医生的意见，听从医生的指挥。如果医生认为有些措施没有必要，应当接受医生的意见，配合医生治疗。千万不可强求特殊服务，这样不仅对自己的治疗没有帮助，还会耽误医生和其他病人的时间。

# 第六章 领导干部在各类宴席中的礼仪

## 第一节 参加宴会的礼仪

在交往中很多时候，要参一些宴会，宴会是一种高层次的礼仪形式。主要用于庆祝重大节日、纪念日，庆贺某事，以及迎送贵宾等事项。宴会能使人感受到很高程度的礼遇感。宴会有多种作用，概括地说，庆祝、道贺、感谢、欢迎、欢送等喜庆乐观的情绪都可通过宴会来传递。

正规的宴会大多是由政府机关或企业所举办。通过宴会，可以增进情谊、加强合作、协调关系、联络感情。为此，政府机关在某些场合会举办宴会。宴会是公务活动的一种，公务人员应熟悉并掌握参加宴会的礼仪。

### 一、参加宴会的仪容要求

任何宴会都会有仪容要求。不同类型的宴会，对着装的要求各不相同。例如正规的晚宴上，男士须着正装或商务休闲装，女士则要求穿长礼服。而家宴的着装则可随意一些。但无论是哪种形式的宴会，着装都要大方、整洁、得体，不可过于随意。不可穿短裤、背心、拖鞋赴宴。

还要注意，穿制服对于任何宴会都是不合适的。参加私人宴会穿制服，给人一种你是来办公事的印象，徒增尴尬；穿公务或商务宴会穿制服，会给人以装模作样之感；参加社交性宴会穿制服，似乎在强调自己的职务，过于显眼。总之，穿制服参加宴会，不仅无法体现你的个人风采，对于维护良好的职业形象也并无帮助。再者说，穿制服办私事是违反职业规定的，不仅给自己的职业抹黑，还会显得滑稽可笑。

参加宴会前要注意修饰自己的仪表，应让自己仪表堂堂、风姿优雅地赴宴。头发要事先洗好、梳好。男士要把胡须剃干净，女士要理好发型。临行前检查一下装束，穿上准备好的衣服后，在镜子前照一照全身再出发。另外，注意鞋子是不是干净光亮。人的仪表中鞋子是否干净犹如一张名片。还要注意袜子要清洁，不要有异味。因为参加某些家宴时，进门后要脱去鞋子，换穿拖鞋，若袜子有异味，主客双方都会十分尴尬。

## 二、赴宴的注意事项

1. 遵守时间，按时赴宴

赴宴的时间不宜过早，也不宜迟到。迟到是对主人非常不礼貌的做法。接到赴宴邀请后，若决定答应赴宴，应及时回复主人。若不能赴宴，也要回复主人，解释清楚原因。若答应赴宴却在当天不做声明而迟到，是非常失礼的。若临时有事不能赴宴，或不能准时到达，应提前有礼貌地通知主人，向其解释原因并道歉。

2. 赴家宴要带礼品

家宴一般只邀请关系很好的人，别人邀请你赴家宴，是对你极大的礼遇。赴家宴不带礼物，未免显得不礼貌。在有些国家，赴家宴携带礼物是传统习俗。在节日期间赴家宴不携带礼物，更是不遵守节日礼仪的做法。

挑选礼物时，不必非得选过于贵重的礼物。可根据主人的喜好选择他喜欢的东西。此外，鲜花、家乡特产是比较常见的适合作为礼品的东西。此外，赴宴携带的礼物应进行精心的包装。

3. 赴宴时不可携带未受邀请的宾客

赴宴时绝不能擅自携带未受邀请的人。宴会的客人是由主人决定并发出邀请的，如果你把没受邀请的人带去了，无疑构成了对主人尊严的冒犯。携带主人意料之外的客人，还会给主人增加额外的负担，也许主人必须额外增加座位、食物甚至赠送的礼品。如果是家宴，赴宴的都是比较亲密的人，你擅自多带一人，如果这人和其他宾客并不熟悉，不免破坏了整场宴会的欢快气氛。如果你带来的人举止不佳，别人会因此认为你也是如此没有教养的人。如果你打算携带其他人同去，应事先征求主人的意见，待主人同意后方可。

### 三、宴会上文雅进食的礼仪

1. 不得对着餐桌咳嗽、打喷嚏

从卫生角度来说，对着餐桌咳嗽、打喷嚏会让你的唾液飞溅到饭菜，以及其他人身上。这是非常失礼的行为。从礼仪角度来讲，对着餐桌打喷嚏会给大家带来不愉快的气味和声音，让其他客人心生不悦。咳嗽或打喷嚏时，一定要扭过身面向地板，或背过身去，打喷嚏时用纸或手绢捂住口鼻，事后必须洗手。更要注意宴席上不可流鼻涕、流眼泪或随地吐痰。这是对自己的公众形象不负责任的表现，会使你的朋友觉得你缺乏教养，如果合作伙伴看到这些，他会觉得你不值得信赖。

2，吃菜勿挑剔

夹菜时，别只挑自己喜欢的吃，在家宴上，这种行为容易让主人认为你对他安排的菜单不满意，还会产生招待不周的内疚感。在公务或商务宴会上，只挑自己喜欢的吃会让对方觉得你太过自我。餐桌上的菜，每样都应该吃一点。即使是确实不喜欢或不能吃的菜，也不要流露出明显的厌恶感。

3. 夹菜有礼貌

遇到自己喜欢吃的菜，不要一下子向自己的盘子里夹很多，那样会显得自私而缺少风度。别人正在夹某盘菜时，不要同时伸筷子，应等对方夹完后自己再夹。一次夹的菜不要太多，避免掉在桌子上。夹菜时尽量不要让汁水淋到桌子上。取食汤汁较多的菜肴时，应以汤匙在下面接一下。夹菜的动作要轻缓，不要碰到其他人的身体或餐具。

特别要注意，不能与其他人抢菜。在大型宴会上同别人抢菜，对方会觉得你没见过世面、没有教养。跟领导和长辈抢菜，还容易被对方误会是在有意挑衅。

## 四、宴会上的交谈礼仪

中国的饮食文化讲究边吃边聊，宴席上一言不发，会使气氛陷入尴尬。在宴席上无论是作为主人、陪客或宾客，都应积极主动地同其他宾朋交谈。

1. 控制好讲话音量

很多人讲话嗓门大，在私人场合这样说话，是关系亲密、不拘小节的表现，但在正式的宴会上就会显得过于随便，缺乏礼数。如果有其他人在场，两人交谈的声音应尽量压低，以对方能听清而不影响其他人为宜。在餐桌上大声喧哗，则会有失身份，还容易让人觉得你是在过度表现自己，是得意忘形之举。

2. 注意讲话时机

宴会上领导讲话时，不可在底下同别人小声嘀咕。这样破坏现场的安静。还有主持人讲话、嘉宾致辞时，应专注地聆听。宴席上不要只与邻座的熟人交头接耳，这样相对陌生的客人会有受到冷落之感。不要在宴会上与别人做神秘状小声谈话，这样容易引人怀疑。如果你谈话的内容恰好是关于某人的评价，不免会给人留下背后嚼舌根的印象。

3. 不可过于沉默

宴会上不宜抢话、大声叫嚷，但过度沉默也是不合适的。宴会不仅是为了吃饭，更具有社交意义，目的是进行人际交往。如果你一言不发，一者容易使气氛冷场，引起尴尬；二者会给人不擅交际或故作清高的印象，某些有意与你结交的人，也会因此对你望而却步，丧失与你交往的兴趣；三者容易让主人误会你不喜欢这场宴会，或不喜欢宴会上的某些宾客，甚至让主人疑心你是在故意给他脸色看。

即使宴会上没有自己熟悉的人，也不应沉默到底。可主动找些话题交谈，哪怕是寒暄几句。别人与自己交谈时，应礼貌回应。一般来说，在宴会这种场合，所有人都会心照不宣，遵守必要的礼节，不会对他人过于冷淡。

## 第二节　参加舞会的礼仪

舞会可分为两种，一种是个人举办的舞会，如婚礼舞会等；另一种是由团体、企业等在公共场所举办的舞会。无论是哪种舞会，参与舞会的人，都应掌握舞会中的一些礼仪，当你身临其境的时候，才能自己自然融入其中。

舞会是一种源于西方的娱乐聚会活动，具有社交意义。参加舞会，不仅是为了调节情趣、活跃身心，也是为了结识朋友、增进友谊。舞会上的一言一行的，都有很多的礼仪讲究。在舞会上失礼，不仅会给人缺乏教养之感，也不利于人际交往。

### 一、舞会的着装礼仪

舞会对着装是十分讲究的。不同类型的舞会对着装有不同的要求。总体来说，舞会的着装要求干净、整齐、大方、美观。在舞会上，通常不允许戴帽子、墨镜。不许旅游鞋、凉鞋、拖鞋。在正式的舞会上，不可穿制服、工作服。由于在舞会上每个人都要跳舞，也不宜穿过短、过紧、暴露的衣服，以免跳舞时不雅。

具体而言，参加正式舞会应穿礼服。男士穿西装或燕尾服，女士穿长裙或高雅的礼服。参加正式舞会不穿礼服是不守规矩的表现，有蔑视舞会举办方之意，也是对自己身份的贬损。正式的舞会包括商务洽谈后的舞会、机关团体举办的联谊舞会、婚礼典礼后的舞会、大型私人生日宴会等。

如果参加的是小型的家庭舞会或迪厅舞会，则可以穿的较随意一些，但也不可太过正式或平平无奇。可穿着休闲风格而又光彩亮丽的衣服。如果是迪厅舞会，则不宜穿礼服，不然会显得不伦不类。如果是化装舞会或假面舞会，服装风格可另类一些，彰显个性。

此外，舞会上的着装忌喧宾夺主。舞会这样的场合不可一味展现个人风采，要考虑对主人的尊重。因此，在服饰上喧宾夺主是不合适的。如果参加别人的生日舞会，你却成了人群中最耀眼的人，或是参加上司发起的舞会，你的风头却盖过了上司。那样不仅难免令主人不悦，还会令在场所有人认为你有示威之意，甚至会令人猜测你与主人之间发生了矛盾。

## 二、舞会的化妆礼仪

舞会是一个讲究美丽、典雅的公共交际场合。参与者应高度重视自己的仪容。因此参加舞会前应精心修饰自己的仪表，并适度化妆。这既是维护个人形象，也是对舞会主人的尊重。

1. 仪容

参加舞会前应沐浴，并整理发型。男士务必要剃须，女士穿短袖或无袖装时须剃去腋毛。特别要注意个人口腔卫生，认真清除口臭，禁食气味刺激的食物；外伤患者、感冒患者，以及其他传染病患者，应自觉地拒绝参加舞会，否则不仅可能传染给别人，还会影响大家的情绪。

2. 化妆

参加舞会前，无论男女，都应进行适度的化妆。男士化妆的重点，通常是美发、护肤和祛味。女士的妆容则要更讲究。美容、美发是必不可少的。与家居妆、上班妆相比。因舞会大都在晚间举办，且舞会现场灯光明亮，因此舞会上的妆可以化得浓一些，但仍要讲究美观、大方、得体，毕竟舞会是追求高雅的场合。在舞会上把妆化得怪诞惊悚，不免会出丑。

## 三、邀请舞伴的礼仪

舞会上邀请舞伴有严格的礼仪。舞会上邀请舞伴，绝不能搞得像迪厅里青年男女随意搭讪一样。在舞会上，谁违反了邀请舞伴的礼仪规范，不仅是对邀请对向的亵渎，还会令别人笑话。

邀请舞伴时，通常是邀请异性。大多是男士邀请女士，女士主动邀请男士也是允许的。但最好不要邀请同性共舞。特别是在有外宾参加的舞会上，同性不共舞是基本规矩。因为在西方人看来，同性共舞有同性恋的嫌疑，尤其是男性共舞。女性共舞，在西方的某些场合是允许的。

1. 邀请的礼节

男士邀请女士跳舞时，要主动来到女士前面，向和她一起来的人点头示意，之后，可欠身伸手，轻声对问道："可以和您共舞吗？"女士邀请男士共舞的礼节基本相同。一般来说，女士可拒绝男士的邀请，而男士一般不宜谢绝女士的邀请。

按照惯例，舞会上一队舞伴只宜共舞一支舞曲。男士不宜多次邀请同一位女士跳舞。如果是家庭舞会，男主人应尽可能与每一位女宾跳一支舞，不宜让任何一位女宾有被冷落之感。参加家庭舞会的男宾也应至少与女主人共舞一次。

2. 舞伴的选择

在舞会上自行选择舞伴时，也有礼仪讲究。一般而言，以下几类对象是自选舞伴时的常规选择。

（1）未带舞伴的人。在舞会中，如果你想要找人跳舞，你可以选择一些没有舞伴的人，这样将会加大你成功邀请的机会，同时也能让被邀请人不至于落单。

（2）少人邀请的人。在舞会中，难免会有人一个人带着一个角落，此刻你可以向他（她）提出邀请，这种情况既能加大应邀可能性，还能让其感受到舞会的热情。

（3）希望结识的人。在舞会上，想要结识某人，邀请对方跳舞是最有效也最自然的方法。

3. 跳舞的顺序

在正式舞会上，第一支舞曲与最后一支舞曲一般由男士与同自己一同前来的女士共舞。此外可自选舞伴。但自选时也有一定的顺序要求。以下两点是男士邀请舞伴时应注意的顺序。

（1）身为舞会主人，当舞会开始第二支舞曲时，男主人可邀请男主宾的女伴跳舞，同时，男主宾可邀请女主人共舞。紧接着，男主可以此邀请礼宾上排的第二、第三位的男士的女伴各舞一场，这些男宾则应按顺序回请女主人跳舞。

（2）应邀而来的男士，对下列一些女士应依序邀请其跳上一曲：舞会女主人、被介绍相识的女士、相遇的旧识女性、坐在自己身旁的女士。以上女士若有男宾同来，男宾也应相对的回请对方的女伴共舞一曲。

### 四、拒绝邀请的礼仪

参加舞会时，除非有惯例的约束，否则被邀请的人可以拒绝对方。邀请者与被邀请者都应彬彬有礼，落落大方。拒绝者应口气婉转，说明理由，被邀请者要大方宽容，风度潇洒。具体来说，应注意以下礼节：

在拒绝他人时，态度要有好，不要对其视若不见，甚至不屑一顾，以免令对方下不来台。拒绝时应起身向对方解释具体原因，并向对方致歉，说上一句“实在对不起”“非常抱歉”。

一般来说，如果女士受某人邀请共舞，在同一支舞曲未完时，不宜接受其他男士的邀请，否则会被视为对前者的不尊重。特别是不能当着前者的面立马接受另一人的邀请，这样会被视作对前者的侮辱。如果有两位男士同时来邀请一位女士跳舞，最好都拒绝，以免另一位难堪。如果很想接受其中一位的邀请，则应对另一位说“对不起，请等下一曲吧”。当女士拒绝了一位男士的邀请后，一般情况下他是不会再来的。但如果他再来，则不宜第二次拒绝。

通常来说，被邀请者如果没有特殊理由，不应拒绝邀请者。如果真要拒绝，也不可用粗鲁的语言令对方尴尬而去。在舞会上拒绝邀请时，应在说明原因时使用委婉、暗示性的托词，如“我累了”“我不会跳这种舞”“我不熟悉这首舞曲”。

## 第三节 参加晚宴的礼仪

晚宴，是宴会的主要形式之一。晚宴通常用于比较正式、隆重的场合。如生日晚宴、婚礼晚宴、商务晚宴、国际外交晚宴，以及国外的皇室晚宴。无论是哪一类晚宴，都是隆重的社交活动，有很多礼仪需要我们注意。

晚宴，一般从晚上7点或8点开始，直到午夜结束。在晚宴上，无论是以个人身份参加，还是代表组织、单位出席，从着装、接受邀请、入宴再到告辞，都要讲究礼节。把种种细节做到位，说明你有见识、懂礼数，这样人家才会觉得你是个有修养，并具备足够的交际能力的人。

## 一、及时回复邀请，准时抵达会场

晚宴作为一种比较正式的宴会形式，主人一般会提前寄出邀请函，确认受邀者是否能够准时出席宴会。特别是一些隆重的晚宴，主人会在邀请函上注明请求回复。西式邀请函上常注有“RSVP”字样，这是法文缩写，表示“敬请回复”之意。受到邀请函后，要查看自己的日程安排，可以赴宴则尽快按照邀请函上的联系方式回复主人。

如果邀请函上有说明“应邀则不必回复”，就更要注意不能出席时及早回复。特别是注有RSVP的邀请函，无论是否出席，均应迅速回复。如果出席不了，要在回复时表示歉意，并感谢对方的邀请。必须回复的原因是为了让主人能早些统计到场人数，安排好座位。

宴会当天要准时到达。如果因意外的紧急安排不能准时到场，一定要提前通知主人，解释原因并表达歉意。到达的时间不宜过早，也不能迟到。太早到达，有可能主人还在进行宴会准备，这样不太礼貌。如果迟到，则会打扰其他客人，影响宴会预定活动流程。若因特殊情况推迟到达时间，迟到时间也不宜超过半个小时。出席宴会时应携带邀请函，这是为了防止有人冒名进入会场。

## 二、选择合适的晚宴服装

不同的晚宴场合有不同的着装要求。有时候主人会在邀请函上点明客人应穿什么样的衣服。如果你确定穿什么衣服合适，可以向同被邀请的客人打听一下该怎么穿，或者直接向主人请教。当你实在拿不准的时候，原则是宁可稍微随意一点也不要打扮得过于隆重。因为除了极隆重的晚宴外，衣着风格轻松休闲一些是允许的，太过隆重反而可能与晚宴规格不搭。

通常来说，晚宴上的着装风格主要包括：休闲、优雅休闲、商务休闲、半正式、黑领结正装和白领结正装。

1. 休闲

休闲即是说可以穿得随意一点，舒适一点，但不意味着想怎么穿就怎么穿。至少要保证衣着的干净、整洁。例如，你可以穿T恤和牛仔裤，但要与晚宴的主题相符。如果是正式的商务晚宴或政务晚宴，就绝不可穿休闲装赴宴。

2. 优雅休闲

所谓优雅休闲，是在保证轻松、舒适的前提下穿得稍正式一些。如T恤、牛仔、颜色过于艳丽的服装则不宜再穿。男士可穿有领的衬衫及长裤。女士可穿有形舒适的上衣，以及太阳裙。

3. 商务休闲

从字面意思来讲，并非一定要穿工作服，可以穿比正装休闲一些的服饰，男士可以穿夹克、毛衣等，女士可以穿裤装、连衣裙等。

4. 半正式

它介于正装和休闲装之间，在晚宴中常见这种风格。男士可以穿正装衬衫、西裤、皮鞋，可以不打领带，女士可以穿长裙、高跟鞋。

5. 黑领结正装

这样的着装是正式晚宴常见的一种，通常，男士要穿黑色套装、打黑色领结，穿黑皮鞋，同时黑领结适合一些政商务晚宴等。女士应穿舞会礼服、漂亮连衣裙等。

6. 白领结正装

这样的着装一般需要私人定制，通常男士身穿燕尾服，白色马甲，硬翻领，并打白色领花。女士则要穿长礼服。白领结正装一般用于国宴或者是高级晚宴等，一般晚宴不需这样的着装。

## 三、宴席上的礼仪

出席正式的晚宴，座位应听从主人的安排。进入宴会厅之前，应事先了解自己的桌次和座位。入座时注意座位卡上是否是自己的名字，以免错占他人的座位。

晚宴上，通常要等主人宣布宴会开始，客人才陆续回到自己的座位上，等主人说“请坐”后才能就座。入座时，男士要帮右手边的女士搬椅子，请其先坐。女士尚未入座时，男士不应先坐。另外，无论男女，都应有椅子左方入座。待全员坐定，主人宣布用餐开始后，所有人才能开始享用佳肴。

注意不要把随身物品摆放在餐桌上。有人习惯把皮包、手袋、帽子、雨伞等物放在桌子上，或把外套搭在椅子背上。在正式的晚宴场合，这是不合适的。在西餐的用餐文化中，把随身衣物放在桌椅上是非常不雅观的行为。因此，应把皮包放在邻座的椅子上、自己腿上或专门提供的架子上；手袋可放在椅背；外套要挂在专门的衣架上；正统的西餐厅都设有衣帽间，大衣等物也可交由服务人员放到衣帽间保管。若携带有贵重的东西，可放置于右前椅脚的下方。钱包也不应放在餐桌上。

入座后，应同邻座的人打声招呼。邻座同自己问好时，也应及时礼貌地回应。入座后，坐姿要端正，不可用手托腮或将双臂肘放在桌上。双脚应在本人座位下区域内，不可随意伸出，不然既不雅观，也容易影响他人。不可玩弄桌上的酒杯、刀叉、餐盘等物，也不要用纸巾擦拭餐具，以免给别人一种餐具不洁的暗示，引起他人心中的不适感。

**四、晚宴上其他注意事项**

1. 进门后举止得当

遇上雨雪天气，进门后应清理鞋子，避免进入沾污了晚宴会场地面。进入晚宴会场后，第一件事应是与邀请你的主人或主办方打招呼。如果主人有空，应适当闲聊几句。大型晚宴的现场主人一般很忙，则简答打个招呼表示到场即可。千万不要进门后直接到吧台拿食品饮料，或直接到自己的座位上入座。

2. 宴会正式开始前的举动

宴会正式开始前，来宾一般是不坐在自己座位上的。国际社交场合的流行方式是站着与陌生人闲谈，趁机扩大人际交往。可适当在现场走动。注意站立及行进的姿态礼节。切忌把手插在裤子口袋里，这是一种不雅的姿态，但把手插在西服口袋里是允许的。尤其不可双手插入裤袋，这会给人一种目空一切的感觉。

正式的晚宴场合，人手一杯香槟是最高雅的举动，当然，男士可以拿两杯，一杯给自己，另一杯给和自己交谈的人喝。

3. 离开晚宴的时间

晚宴上若要提早离开，需要同主人礼貌地告别，表示歉意，并真诚地感谢主人的款待。即使提前离开，也至少应该等到晚宴正式开始的1小时之后。如中途没有任何事情，需到晚宴即将结束，其他客人陆续离开的时候，才是离席的合适时机。